大名北条氏——合戦・外交・領国支配の実像

治久著　有隣堂発行　有隣新書——73

北条早雲画像　岡山県井原市・法泉寺蔵

# はじめに

現在から約五〇〇年も昔である戦国期は、日本歴史においては、北条早雲（正しくは伊勢宗瑞という）の伊豆国侵攻から一〇〇年間の動乱の時代をさしている。早雲に関しては江戸期から、その出自とその後の軌跡が判然とせず、つい最近まで研究者の頭を悩ませていた。ようやく近年になって、出自が判明し、早雲は京都の将軍の側近家臣の伊勢氏の一族で、備中国高越《たかごし》山《やま》城（岡山県井原市）の城主である伊勢盛定の息子盛時であると判明したのである。近年に刊行された歴史書では北条早雲とは言わず、伊勢宗瑞で見えている例が多い。しかし、本書では、伊勢宗瑞では読者の馴染みがうすいのであえて北条早雲とさせていただいた。

私は平成十一年に『北条早雲と家臣団』（有隣新書57）を出し、早雲の軌跡と初期北条氏について書かせていただいた。そこでは早雲と嫡男の北条氏綱の時代の五〇年間の歴史について記述した。今回出させていただく本書は、北条早雲に始まる五代の歴史を概説し、その主眼点を北条氏康から氏直の時代における関東進出と相模国の支配に設定し、最後は豊臣秀吉との決戦に敗れて北条氏が滅亡するまでを記述している。

北条氏の歴史は概して言えば、伊豆・相模・武蔵三か国を本拠地（本国領という）として、周辺の強力な戦国大名である上杉謙信、佐竹義重、武田信玄、徳川家康との領土争奪戦であり、最終的には全国平定戦を目差した豊臣秀吉との決戦を戦っていった領土拡大戦に終始した歴史であった、ということができるであろう。

本書では上杉・武田両氏との戦闘は、本国領内を戦場としたため、比較的詳述できたが、房総方面での里見氏との抗争や上野国（群馬県）方面での上杉謙信や武田信玄との領土争奪戦については枚数の関係で詳述できず、不充分な記述であることはお許しをいただきたい。あくまでも本国領の記述に終始した結果である。

なお、本文に多出する史料で、北条氏研究の基本的文献である『小田原衆所領役帳』は永禄二年（一五五九）二月に北条氏康が嫡男氏政に家督を譲渡する直前に、本国領の家臣団の知行地と役（人足役と軍役）高を城別に書上げて集大成した侍帳である。

また、本文中の戦国期の郷村地名の現在地比定については、（　）内に現行の都府県名と自治体名を記入した。ただし、神奈川県の県名については多くの場合、省略した。

同じ神奈川県下の内で、横浜市域の記事が少ないのは、平成二十四年に刊行した拙著『横浜の戦国武士たち』（有隣新書70）で市域に関して詳述したため、あえて重複をさけたためであることをお断りしておく。

《目次》

〔北条氏略系図〕　‖は養子

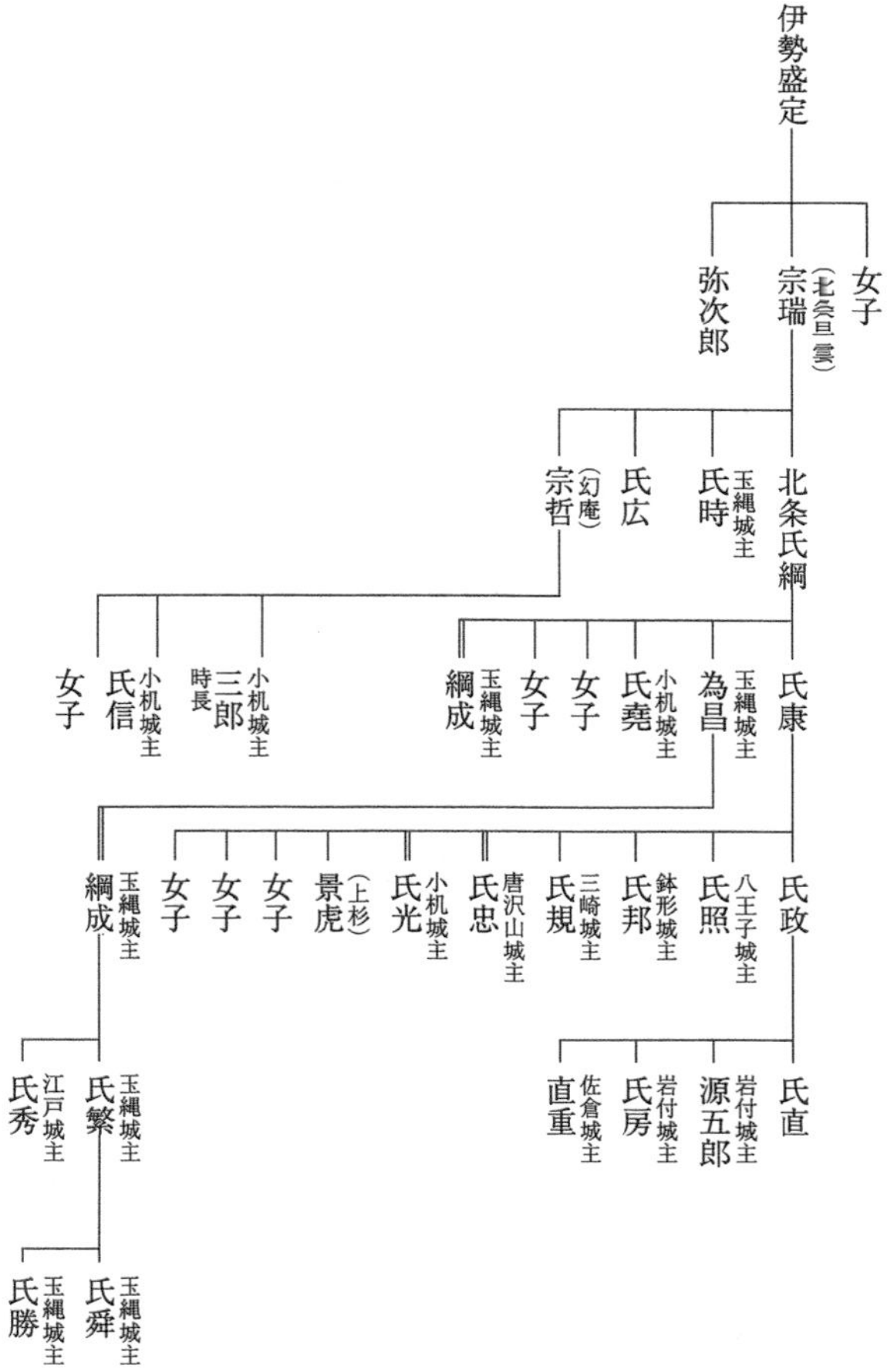
伊勢盛定
女子
宗瑞（北条早雲）
弥次郎
北条氏綱
玉縄城主 氏時
氏広
宗哲（幻庵）
氏康
玉縄城主 為昌
小机城主 氏堯
女子
女子
玉縄城主 綱成
小机城主 三郎 時長
小机城主 氏信
女子
氏政
八王子城主 氏照
鉢形城主 氏邦
三崎城主 氏規
唐沢山城主 氏忠
小机城主 氏光
景虎（上杉）
女子
女子
女子
玉縄城主 綱成
氏直
岩付城主 源五郎
岩付城主 氏房
佐倉城主 直重
玉縄城主 氏繁
江戸城主 氏秀
玉縄城主 氏舜
玉縄城主 氏勝

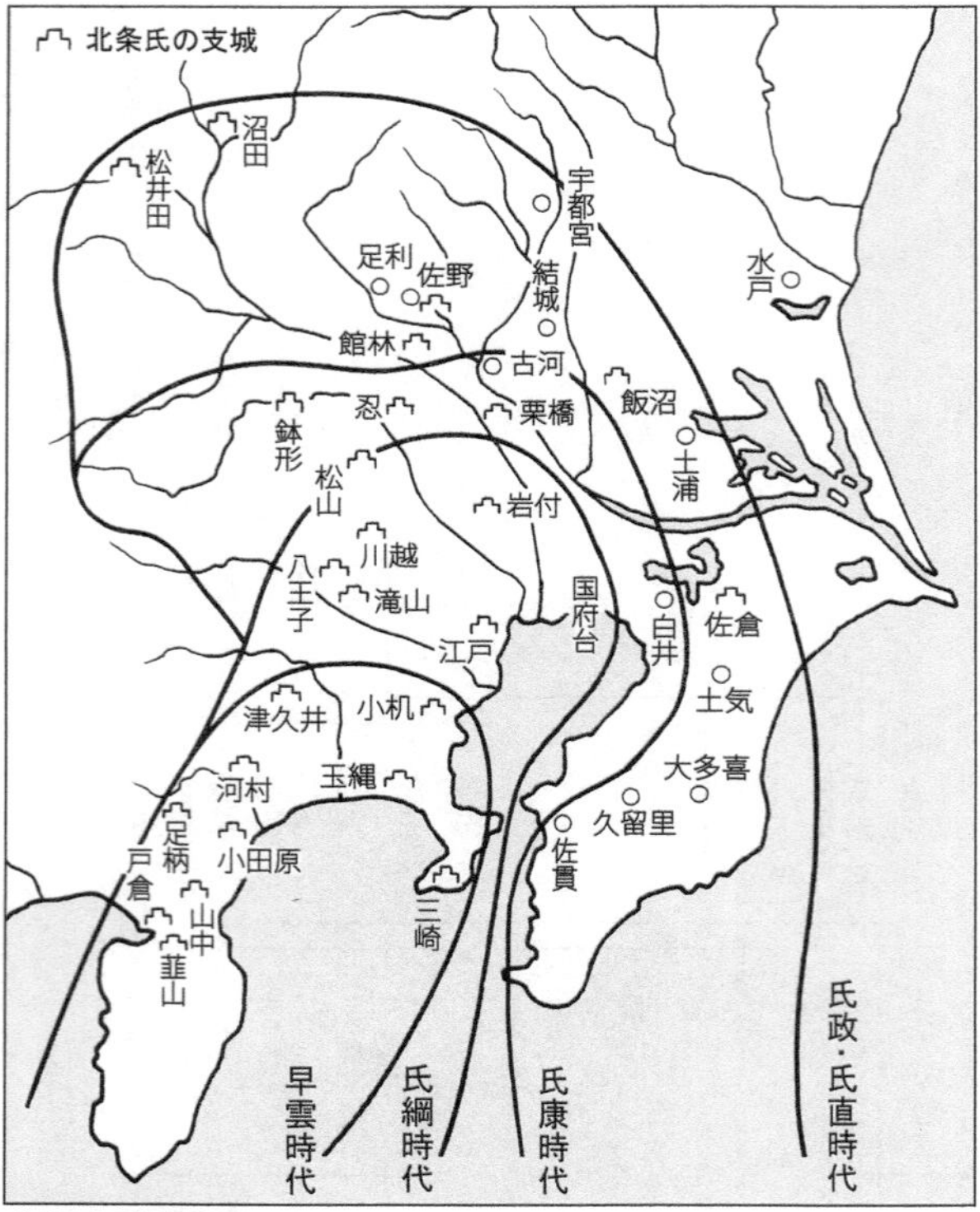

北条氏の支城
沼田
松井田
宇都宮
足利
佐野
結城
水戸
館林
古河
忍
栗橋
飯沼
鉢形
土浦
松山
岩付
川越
八王子
滝山
国府台
白井
佐倉
江戸
土気
津久井
小机
大多喜
玉縄
河村
久留里
足柄
戸倉
小田原
佐貫
山中
三崎
韮山
早雲時代
氏綱時代
氏康時代
氏政・氏直時代


北条氏歴代勢力圏

# 第一章
# 北条早雲・氏綱の相模国平定

**韮山城祉**　静岡県伊豆の国市

# 第一節　北条早雲の相模国侵攻

## 北条早雲の小田原城奪取

　現在の神奈川県の県域は、戦国期には横浜市の大部分と川崎市の全域が武蔵国に属しており、横浜市南部と鎌倉市域から箱根峠までの西側は相模国に属していた。当時の相模国は西郡・中郡・東郡・三浦郡と津久井料（相模原市緑区。相模国五郡の中で津久井郡だけは「津久井料」と呼ばれた）に分かれており、その後の江戸初期まで五郡制は続いた。相模国の戦国期への突入は、明応二年（一四九三）九月の北条早雲の伊豆国・相模国への侵攻によるものであった。

　伊豆国から相模国西部に侵攻した北条早雲は、相模国で抗争していた扇谷《おうぎがやつ》上杉氏と山内《やまのうち》上杉氏との騒乱に介入する形で、扇谷上杉定正に味方して山内上杉顕定と戦いつつ相模国へと侵攻していった。伊豆国に接する相模国西郡（古来からの足柄上郡・足柄下郡）の中心勢力は小田原城（神奈川県小田原市）の大森氏頼で、北条早雲と同盟して相模国侵攻を助けていた。大森氏のほかに西郡では松田氏と河村氏が勢力を持っており、松田氏と河村氏は、ともに後には早雲の家臣となり、特に松田氏は北条氏の重臣として活躍することとなる。

小田原城主の大森氏頼は優れた武将であるとともに、鎌倉の文化人との交流もあり教養人でもあった。信仰面では曹洞宗の普及につくし、小田原城下の久野に総世寺、早川には海蔵寺を創建した。

相模国では扇谷上杉氏と山内上杉氏との抗争が周辺勢力を巻き込んで、ますます激化していった。扇谷上杉定正は重臣の太田道灌を妬みから暗殺したため、多くの国衆（鎌倉期以来の大豪族）が離反していたが、大森氏頼は扇谷上杉定正に属して山内上杉顕定と戦っていた。北条早雲は扇谷上杉定正と同盟していたから、大森氏頼とも協力して山内上杉顕定と戦っていた。しかし、その氏頼は、明応三年八月に岩原城（神奈川県南足柄市）で死

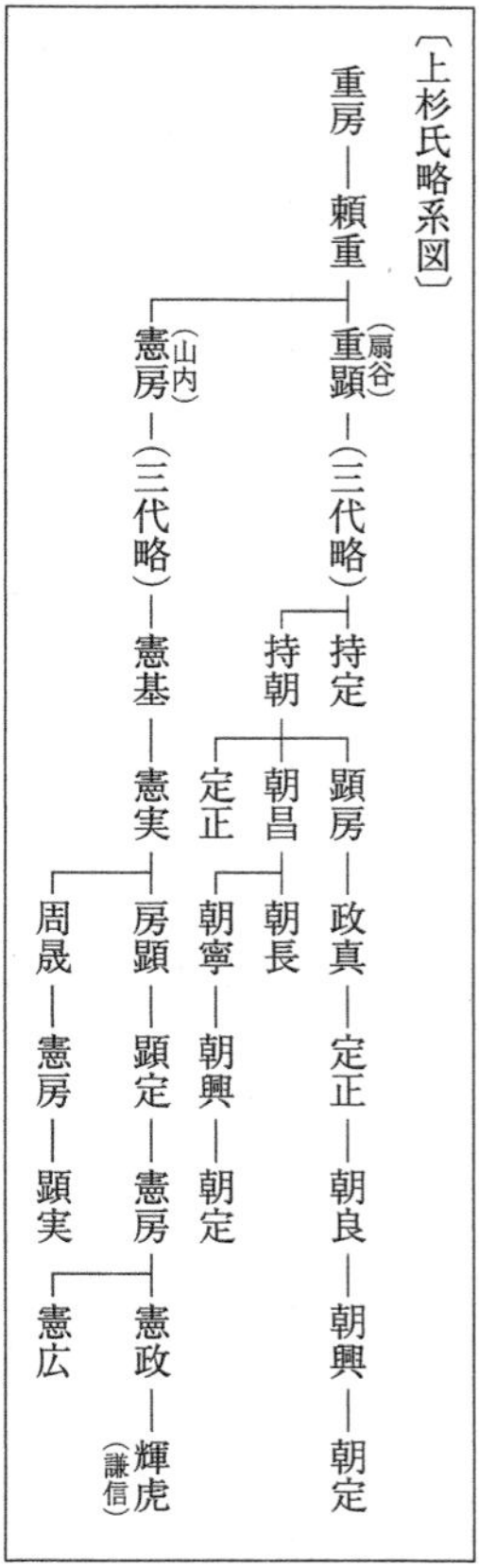

去し、静岡県小山町の乗光寺に宝篋印塔《ほうきょういんとう》の墓石が残っている。同年には上杉定正も急死しており上杉朝良が跡を継いでいた。

北条早雲は相模国に侵攻しつつ、伊豆国で抵抗している足利茶々丸とも戦っており、茶々丸を討って伊豆を平定したのは明応七年八月であった。伊豆に侵攻して六年が経っていた。大森氏頼の死去後の相模国における早雲と大森氏との関係は、明応五年七月の山内上杉顕定書状写(伊佐早文書)に見える。内容は山内上杉顕定が扇谷上杉朝良に味方している相模国西郡の状況を述べたもので、顕定が朝良方の伊勢弥次郎(早雲の弟)が守備する「弥次郎要害」を攻めて弥次郎を敗走させたという。弥次郎要害とは小田原城のことといわれ、弥次郎のほかには大森式部少輔・上杉刑部大輔・三浦道寸・太田六郎右衛門尉・上田某が籠もっていたと記されている。すべて扇谷上杉朝良に味方する国衆たちである。明応五年七月以前には、一度は小田原城は北条早雲によって領有されており、それが山内上杉顕定によって攻略されたことを意味している。伊勢弥次郎は小田原城を落ちて兄早雲のいる伊豆国の韮山城(静岡県伊豆の国市)に逃れた。ここに、早雲の相模国侵攻は頓挫したとわかる。この時の小田原城主は大森氏頼の嫡男式部少輔であり、伊勢弥次郎はその援軍であったと思われる。

通説では北条早雲の小田原城奪取は、明応四年九月と伝えており、小田原城主は大森藤頼であり、早雲は藤頼と近しくなり、その油断をついて小田原城を急襲して奪ったといわれているが、事実はまったく違うものであったとわかる。永正元年（一五〇四）九月の大森式部大輔宛の上杉顕定書状写では、大森式部大輔（式部少輔の後身）は山内上杉顕定に味方しており、北条早雲とは敵対関係となっていた。そのため、早雲が小田原城を攻めて大森式部大輔を同城から逃亡させたのである。しかし、残念ながらその年代は判然とはせず、『小田原市史』では明応五年から文亀元年（一五〇一）の間としている。

## 両上杉氏との抗争

小田原城を攻略した後も、北条早雲と山内上杉氏との抗争は、ますます激しさを増していく。明応七年（一四九八）八月二十五日には遠江国の沖合を震源とする巨大地震が発生し、伊豆・駿河・武蔵各国の沿岸部に大津波が来襲して郷村に大被害をもたらした。伊豆で抵抗を続けていた足利茶々丸は、くしくもこの直後に自刃しており、早雲の伊豆平定は終了した。

明応八年十月には古河《こが》公方足利政氏と扇谷上杉朝良・山内上杉顕定が和睦し、協力して北条早雲の相模国侵攻を防衛しようとし始めた。早雲の方は同年から文亀元年（一五〇一）にかけては伊豆国の郷村支配に専念しており、相模国での両上杉氏との抗争の記録は見当たらない。その間で注目されることでは、文亀元年三月に熱海市の伊豆山権現に相模国上千葉（小田原市）の神社領の替地として伊豆国田牛村（静岡県下田市）を宛行《あてが》っていることで、小田原城周辺の

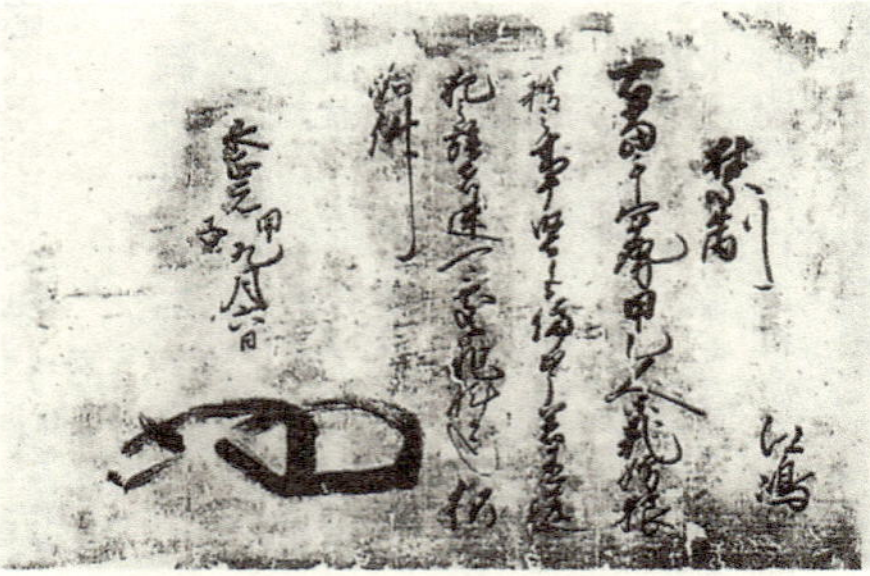

**北条早雲禁制**　永正元年９月　岩本院文書（寄託）
藤沢市文書館蔵

郷村が、すでに早雲の支配地になっていることである（集古文書）。同年八月に早雲は今川勢とともに遠江国に侵攻し、九月には甲斐国守護の武田信昌の内乱に介入して同国に侵攻し、十月には敗走している。ついで十一月には三河国に進撃している。これらの軍事行動は、すべて今川氏親の領国拡大策によるもので、早雲が部隊長として参加したものである。この年には遠江国守護の斯波《しば》義寛《よしひろ》が相模国の山内上杉顕定に書状を送り、早雲を挟み打ちにしようと画策しているのが注目される。

永正元年（一五〇四）に入っても遠江国で北条早雲の軍事行動が展開されている。その頃には相模国では、一度は同盟した扇谷上杉朝良と山内上杉顕定が分裂して抗争を再開しており、八月には顕定が朝良の武蔵国河越城（埼玉県川越市）を攻めていた。九月六日に顕定が同国江戸城（東京都千代田区）を攻めるために進撃すると、早雲は急遽、伊豆国から相模国に出陣して江ノ島（神奈川県藤沢市）に禁制を掲げて安全を保証した。今川氏親も早雲への支援として二十日には相模国に出陣した。北条・今川連合軍は同盟した扇谷上杉朝良とともに武蔵国立河原（東京都立川市）で山内上杉顕定と合戦におよび、北条・今川・扇谷上杉朝良連合軍が勝利した。二十七日のことである。

敗れた山内上杉顕定は、越後国の上杉房能に支援を要請して態勢を建て直し、十二月末には越後勢が北条早雲に味方した上田正忠を相模国の実田《さなだ》要害（神奈川県平塚市真田）に攻め、上田正忠は敗走した。正忠は扇谷上杉朝良の重臣で、相模国守護代を務めた人である。永正二年三月には山内上杉顕定が扇谷上杉朝良の河越城を包囲し、朝良が降伏した。

## 松田氏と遠山氏

北条早雲が小田原城を攻略して、相模国西郡を領有すると、古くから西郡の郷村を基盤として大森氏に仕えていた豪族たちは、大森氏とともに没落し、その多くは当地を去っていった。早雲はこれら旧族の知行地を収公し、その多くを伊豆平定戦で活躍した家臣たちの知行として宛行った。小田原城は早雲のいた韮山城の支城となり、相模国への進撃の拠点ともなったから、その周辺には信頼のおける重臣が配置されたのである。その代表が松田氏と遠山氏であった。

松田氏は、鎌倉期から御家人として神奈川県松田町の地を本拠として活躍していた国衆であった。その一族は備前国（岡山県）に移って室町幕府の奉公衆となり、京都でも活躍していった。しかし、相模国の本家では、室町期の松田頼秀の時には、伊豆国の堀越《ほりこし》公方の足利政知に敵対して知行を没収されて没落に瀕していた。それを知った備前国の松田氏の一族で、同国の鳥取荘を支配した松田盛秀・康定兄弟が相模国に下向して、本家の松田頼秀の養子となり、ともに北条早雲に仕えたという。『異本小田原記』に見える記述であるが、そうではなく、足利政知とともに京都から松田盛秀・康定兄弟が伊豆国に下向し、早雲が攻めた足利茶々丸に敵対した兄弟が、後に早雲に仕えたとの家永遵嗣氏の説があり、こちらの方が真実に近いと思われる（『奔る雲のごとく』北条早雲フォーラム実行委員会刊）。永禄二年（一五五九）に集大成された『小田原衆所領役帳』では松田盛秀の嫡男憲秀の知行地として、「千弐百七拾七貫七百弐拾文　西郡苅野庄」という広大な土地が見えるが、この苅野庄は現在の南足柄市の狩川流域の地域で、父親の盛秀の知行を相続したことは確実である。早雲の小田原城攻めで松田盛秀の功績が顕著であったためと思われる。一二七七貫文の貫高を水田の広さに換算して、一反を五〇〇文で計算にすると、二五五五反余、つまり二五五町歩となる。相当の知行地であるとわかる。北条氏は早雲の初期段階から土地面積を貫高で表す貫高制を採用しており、最後まで石高計算は使用していない。

松田盛秀の関係文書は三通しか確認されていない。天文二十四年（一五五五）八月の北条氏康の書状では、南足柄市大雄町の最乗寺に対する贈答品の礼状に盛秀が副状（主人の書状に添えた家臣の文書）を出しており、同年正月には武蔵国南部の多摩川の渡河地点の関戸宿（東京都多摩市）の規定書に署名している。この天文二十四年の文書を最後に登場しておらず、この頃には隠居していたと推定される。神奈川県松田町松田庶子には松田新次郎康隆の居城という松田城址が残る。康隆は盛秀の次男で憲秀の弟に当たる。山北町中川の湯之沢城と同町河村の河村城の城主でもあった。

遠山氏も北条早雲の時からの最古参の家臣である。松田氏と同じく松田町の周辺で知行地を拝領していた。遠山氏は美濃国（岐阜県）遠山荘の出身と伝え、室町幕府の奉公衆（直轄家臣）で堀越公方の足利政知と近しく、遠山景保の嫡男直景が早雲に仕えて相模国に入部したという。遠山氏は直景―綱景―隼人佑―政景―直景―犬千世と続いた。初代の遠山直景の文書は三通が確認されており、初見は永正三年（一五〇六）正月の松田惣領（松田町）の延命寺に宛てた寺領の寄進状である。水田六反と畠一反、屋敷分の一町三反を寄進した。田は一反を五〇〇文、畠は一七六文の計算と述べており、その後の北条氏の貫高計算の基準値を明記していて、貴重な文書である。三通ともに延命寺に宛てたもので、同寺は遠山氏の菩提寺となった。

遠山綱景は北条氏綱が大永四年（一五二四）正月に武蔵国江戸城を攻略した後に同城の城代に就任し、北条氏歴代に仕える重鎮となった。

## 北条早雲の鎌倉への進撃

源頼朝の鎌倉幕府の創設により、都市として発展していた鎌倉は戦国期でも、全国有数の都市として存続していた。小田原城周辺の相模国西郡を領有した北条早雲は、永正六年（一五〇九）頃には相模国を鎌倉方面に向かって東進していった。前年の永正五年四月には、京都で早雲を支援していた将軍足利義澄が、前将軍の足利義稙《よしたね》に追われて京都を脱出して近江国（滋賀県）に逃亡する事件が起こっていた。

さらに翌七年五月には、北条早雲は扇谷上杉方の三浦郡を基盤とする三浦道寸《どうすん》とも抗争に入り、伊豆国八丈島（東京都八丈町）の三浦氏の代官北村秀助が早雲の代官奥山忠督に攻められて敗走した（『八丈実記』）。六月には長尾景春の国衆である石井帯刀左衛門尉や吉里《きり》氏らが相模国津久井料に籠もって早雲方に味方した。津久井料は三浦道寸の勢力が強く及んだところである。その頃には、道寸は相模川の中間部を抑える岡崎城（神奈川県伊勢原市・平塚市）を本拠としていた。この六月二十日には越後国に出陣していた山内上杉顕定が、長尾為景に長森原（新潟県南魚沼市）で敗れて討ち死にした。

この機会を見逃す北条早雲ではない。七月に早雲は相模国中郡の高麗山《こまやま》要害（神奈川県大磯町）・住吉要害（平塚市）を取り立てて相模川河口部に進撃した。それとともに武蔵国権現山城（横浜市神奈川区）に拠る扇谷上杉朝良の重臣である上田蔵人入道（実名は政盛）を味方につけると、朝良から離反させて同城で挙兵させた。扇谷上杉方は七月十一日に成田・渋江・藤田・矢野・大石らの大軍を差し向けて権現山城を攻めて十九日に陥落させ、上田蔵人入道を早雲のもとに敗走させた。のちに上田氏の子孫は北条氏の重臣として登用され、武蔵国松山城（埼玉県吉見町）の城主として活躍することになる。

この七月から年末までは、北条早雲は相模国で両上杉氏に逆襲されて敗走している。山内上杉顕定の跡を継いだ上杉憲房は、八月には相模国に進撃し、十月中旬には扇谷上杉朝良が小田原城際まで攻め込んでいる。対して早雲は十二月九日に上杉朝良・三浦道寸方の相模国鴨沢要害（神奈川県中井町）を攻めたが、撃退されてしまった。

しかし、永正九年六月に、再び北条早雲の相模国進撃の機会が訪れた。山内上杉憲房と養子顕実（足利政氏の子）とが抗争し始めたため、古河公方足利政氏にも内紛が起こり、これが山内上杉憲房と扇谷上杉朝良との抗争に発展した。ここに再び早雲に相模国東進を許すことになってしまったのである。早雲の最初の攻撃目標は、相模川流域を抑える岡崎城の三浦道寸であった。八月七日に岡崎城を攻めた早雲は、激戦の末に十二日には陥落させ、三浦道寸は鎌倉方面に撤退し、逗子市との境の住吉城に本拠を移している。

岡崎城の攻略に成功した北条早雲は、鎌倉方面に敗走する三浦道寸を追撃する勢いで八月十三日に鎌倉に入った。鎌倉の周辺には、三浦氏の勢力が残っていたし、三浦半島の突端の新井城（三浦市）には三浦義意《よしおき》が籠もって三浦郡を領有していた。とてもではないが、早雲が鎌倉を完全に領有することは不可能であった。そこで相模国東郡（古来からの鎌倉郡と高座郡）の在地支配の拠点として、鎌倉の北に位置する玉縄城（鎌倉市）を取り立てて、同城の城主に北条氏時を入れた。氏時は早雲の次男で、関係文書は三通しか確認されず、事蹟についてては明らかではない。

岡崎城の攻略は、北条早雲に相模川流域の領有を許したこととなり、陸上交通の要衝で相模川の渡河地点である当麻宿《たいま》（相模原市南区）を治めて相模川の水運権をも早雲が掌握したことも意味した。当麻宿の宿頭人（宿場の町人頭）で流通商人の関山隼人は早雲の家臣となり、武蔵国方面への連絡に飛脚役を務めることとなる。北条氏歴代は、武蔵国方面の出陣には、しばしば当麻宿に隣接する無量光寺に着陣しており、当麻宿が軍略上での重要拠点であったとわかろう。

## 第二節　北条早雲・氏綱の戦国大名化への道

## 北条早雲に仕えた家臣たち

相模国に侵攻した北条早雲は、永正九年（一五一二）八月に、ようやく鎌倉に到達した。伊豆・相模に侵攻してから一九年が経っていた。この頃の早雲の家臣で、特に事蹟のわかる越後（越智）弾正忠・関時長・後藤繁能について紹介しておこう。

越智弾正忠は、北条早雲の古文書には越後弾正忠、『小田原衆所領役帳』〈江戸衆〉では越知弾正忠とする。相模国中郡散田《さんだ》郷（神奈川県厚木市）の豪族で、もとは山内上杉氏の家臣であった。永正二年正月には、山内上杉房能が発智《ほっち》六郎右衛門尉に昨年十二月末の相模国実田要害の早雲方との合戦で、戦功を立てた功績を認めて感状を与えた。六郎右衛門尉と弾正忠は同一人物と思われる。その後、早雲の相模国侵攻の過程で家臣となり、永正九年十二月に早雲から三田郷の知行を安堵された。嫡男も弾正忠の官途（官職の等級）を名乗り、永禄二年には三田郷ほかで合計知行高は一七九貫文、江戸城の遠山綱景の家臣に属していた。『異本小田原記』には、天文二十三年（一五五四）三月の駿河国吉原（静岡県富士市）での武田信玄・今川義元連合軍と北条氏康との合戦で、越智弾正忠は二番鑓として参陣し、白糸縅《おどし》の鎧に鹿角の前立が付いた兜をつけて斥候を務めたと見えている。菩提寺は三田（厚木市）の清源院で、同院が天文二十一年に火災で焼失したため、弾正忠の嫡男出雲守が中興開基となって再建した（『皇国地誌残編』）。天正八年（一五八〇）八月には清源院の本尊の薬師如来坐像を出雲守が作仏させて同院に寄進している。

関時長は北条早雲の一族と思われ、伊勢国関郷（三重県亀山市）の出身という。早雲が今川氏親の家臣として遠江国に進撃した永正三年頃には、信濃国（長野県）守護職の小笠原定基の家臣で日差城（長野県阿南町）城主の関春光が、小笠原定基と早雲との仲介を務めている。その早雲文書には、早雲と春光は同族であると述べている（箱根町早雲寺文書）。その春光の一族が時長で、早雲に仕えた可能性が強いといえよう。関時長は永正十五年十月に鎌倉の鍛冶職の福本氏に、後藤繁能と連署した判物《はんもつ》を与えており、早雲の鎌倉支配の係役人を務めていたとわかる。時長は玉縄城主の北条氏時に配属された。神奈川県大井町赤田の八幡宮の享禄三年（一五三〇）四月の造営棟札に施工主として関新三郎時長が見える。その近くに知行地が存在したのであろう。

天文元年（一五三二）から北条氏綱によって開始された鎌倉の鶴岡八幡宮の修築工事に、工事の監督奉行として時長が活躍しており、同三年には工事現場では鎌倉番匠（大工のこと）奉行を務めた。鎌倉の職人奉行を務めていた関係であろう。天文十二年十月には、相模国坂間郷（平塚市根坂間）高麗寺分の検地で検地奉行を務めている。その後、関氏の一族の関新次郎・関為清らが玉縄城の官僚として活躍し、特に関為清は小田原城の御馬廻衆（近衛兵）に編入されて、本城の人足奉行に就任した。

後藤繁能は関時長の同僚として鎌倉支配の永正十五年（一五一八）十月に鍛冶職の福本氏文書に初見する。後藤氏は鎌倉の豪族で、鎌倉期に鎌倉の寺の仏像を制作した名仏師運慶の流れを受けた仏師の末裔と伝える。繁能が北条早雲に仕えた後には、鎌倉代官の大道寺盛昌に仕えて鎌倉の在郷の人々の町方支配である小代官を務めた。永正十七年五月の鎌倉報国寺の敷地を安堵した文書に後藤孫次郎繁能と署名し、後には善右衛門尉、ついで若狭守を称した。天文元年からの北条氏綱による鶴岡八幡宮の造営工事には、工事現場の監督奉行を務めた。この後には一族に後藤左京亮・忠成・宗琢・備前守らが見られ、北条氏家臣として主に鎌倉の小代官として活躍している。

### 三浦氏との激闘

永正九年（一五一二）八月に鎌倉に到達した北条早雲であったが、三浦半島の三浦郡は未だに三浦道寸・義意父子の支配地であり、鎌倉周辺も三浦勢力が固めていた。早雲は鎌倉から武蔵国本牧（横浜市中区）方面に進撃したものの、進撃はそこまでであった。翌十年正月末には鎌倉周辺で、三浦道寸と早雲が合戦して道寸を半島に敗走させた。この時に藤沢（藤沢市）の清浄光寺（遊行寺）が焼失しており、合戦の影響と思われる。

同年三月に今川氏親が遠江国に侵攻し、北条早雲と朝比奈泰以が先手として大河内貞綱を攻

**三浦道香主従宝篋印塔**　逗子市逗子・延命寺

めており、早雲は一時期は鎌倉を放棄したらしい。しかし、七月には再び三浦攻めが再開され、七日には早雲が住吉要害（神奈川県逗子市）に籠もる三浦道香《どうこう》（道寸の弟）を攻め、小坪坂披露山の七曲がりを抜け、田越川の延命寺付近で激戦を展開し、道香を攻め滅ぼした。現在でも延命寺には道香主従の宝篋印塔が七基残っている。この頃には道寸は半島先端の新井城（神奈川県三浦市）に入って籠城していたらしい。三浦氏の危機を救援せんと上杉朝良は家老の太田永厳に西郡に侵攻させている。

永正十三年六月には扇谷上杉朝興が三浦氏救援のため、相模国中郡に侵攻したが、逆に北条早雲に撃退された。これを機会に早雲は、再び三浦道寸攻略の軍を起こし、新井城を攻囲した。新井城の兵糧米も尽きはて、援軍もない状況では、三浦氏の抵抗ももはや尽きていた。家臣の大森越後守や佐保田河内守らは、三浦道寸に味方する上総国の真《ま》理谷《りがやつ》武田信保を頼って城を落ち延びることを建言したが、道寸は新井城を死守する覚悟を翻さず、道寸・義意父子主従は七月十一日に早雲方に最後の突撃を敢行して全滅した。ここに鎌倉期以来の名族である三浦氏は滅亡した。新井城は小網代湾と油壺湾に挟まれた岬の先端に位置し、京急油壺マリンパークの内である。その北端の所に三浦道寸の墓が残っている。

## 玉縄衆の役割

相模国を平定し終わった北条早雲は伊豆国の韮山城（静岡県伊豆の国市）を本拠に、小田原城を相模国西郡の政庁に、玉縄城を東郡と三浦郡の政庁とし、相模川以西の中郡については、小田原城の支配管轄とした。

玉縄城主の北条綱成《つなしげ》（福島《くしま》九郎の子）の軌跡を追うと、かなり明確に玉縄城と玉縄衆の役割を知ることができる。綱成は今川氏の家臣である福島氏の出で、父親の討ち死に後に北条氏に仕えて北条氏綱の娘を妻に迎え、北条一門に入った人である。

現在、北条綱成の文書は、佐藤博信氏の研究成果である『玉縄北条氏関係史料集』（千葉大学文学部佐藤研究室刊）によれば二八通を数え、歴代玉縄城主の文書数としては綱成の嫡男氏繁に次いで多い。天文十二年（一五四三）八月の北条家朱印状によれば当麻（相模原市南区）の関山氏に、その郷内での作物の収奪を綱成に禁止させており、相模川の交通の要衝の当麻の管理を任されていた。当麻は北条氏の武蔵国方面への出撃地点でもあった。同二十年五月には、江ノ島（藤沢市）の管理も綱成に任されている。

水軍管理の他にも北条綱成の軍勢は、北条氏の侵攻作戦に従って武蔵国から上野国北部にまで出陣しており、弘治三年（一五五七）六月の武田信玄書状写では、上杉謙信との戦いで北条綱成が武田方として上野国から上田（新潟県南魚沼市）まで進撃している。軍記物には綱成は豪傑との評判が高く、黄色地に八幡大菩薩と記した旗指し物を靡かせて戦場を疾駆したと記されている。その証拠には、綱成の文書にも率いた玉縄衆が各地の合戦に活躍した様子が、しばしば記載されている。

北条綱成の玉縄城の支配領域は、永禄六年（一五六三）六月の玉縄城の修築に関する北条家朱印状によると、相模国東郡・三浦郡と武蔵国久良岐《くらき》郡の三郡から普請人足を徴用しており、その範囲を知ることができる。ただ、三浦郡の支配は永禄年間中期からは北条氏規（北条氏康の五男）に支配を委譲しており、氏規の居城地は三浦半島突端の三崎城（三浦市城山町）で、三浦市役所の敷地内である。綱成は天正十五年五月に七三歳で死去した。当時の人としては長命である。夫人は北条氏綱の娘の大頂院殿。玉縄城下の植木の龍宝寺に綱成の記録が残るが、綱成は同年三月の死去としている。家督は嫡男康成（のち氏繁）が相続した。

## その後の北条早雲の動き

北条早雲の三浦道寸攻略で相模国平定は終了したが、その後も両上杉氏との抗争は相模国内でも続いていた。のちに永正十三年（一五一六）七月に三浦氏を攻め滅ぼすと、早雲は房総半島への侵攻を継続していった。

永正十五年四月に、北条早雲の仇敵であった扇谷上杉朝良が河越城（埼玉県川越市）で死去し、足利政氏も隠居して久喜（埼玉県久喜市）の甘棠院に移った。同年七月に足利義明（足利政氏の子）が小弓城の武田信清に要請されて小弓近くに移り，以後、小弓御所と称した。早雲と扇谷上杉朝興も武田信清との関係から、自然に小弓御所の陣営に加えられたのである。ここに早雲と扇谷上杉朝興は同じ陣営に属し、ともに足利高基との抗争に入っていった。

この月から十月の間に北条早雲は隠居して、北条氏綱に家督を譲った。この時期の十月八日に、伊豆国木負村（静岡県沼津市）と西浦代官の山角性徹《やまかどせいてつ》と伊東某に、初めて虎の朱印状が発給された。現在、約一一〇〇通も確認されている虎朱印状の初見文書として著名である。今後は公事（諸税のこと）や在地（村々のこと）の規定には、代々にわたってこの朱印状を発給するための規定事項が述べられている。早雲が家督譲渡した氏綱への家印の譲渡であったと思われる。この虎朱印状は、確かにこの後の氏綱—氏康—氏政—氏直の小田原城の代々当主に受け継がれた家印として七二年間に渡って発給された。当印は常に当主の手元に置かれ、出陣中も

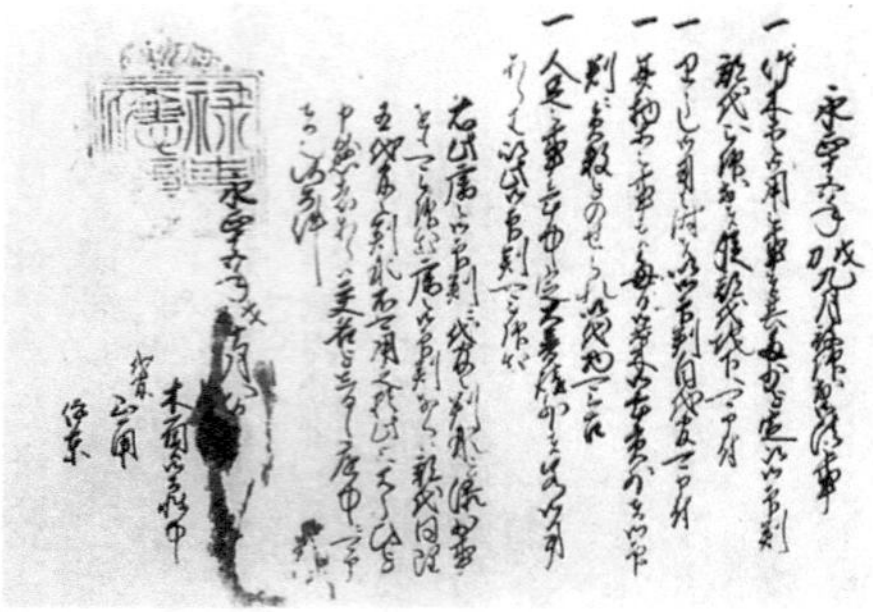

**虎朱印状初見文書**　永正15年9月　大川文書

陣場に携帯された。虎朱印は全国の戦国大名の印章使用の最初とも言われている。時に早雲は六三歳で、氏綱は三二歳であった。

永正十六年四月末に北条早雲は、箱根権現社（箱根町元箱根）の別当で四男の北条菊寿丸（のちの宗哲）に自己の知行地の一部の四四六五貫文を譲渡する知行注文（知行の書上げ）を発した。そこには小田原城下の地子銭（土地税）・屋敷銭（家屋税）を菊寿丸に譲渡しており、小田原城主は北条氏綱であるが、城下については北条菊寿丸の支配としている。そのため、菊寿丸は小田原城には入らずに、北に位置する久野に屋敷を構えて居城した。菊寿丸の久野屋敷は、現在も庭園が残っている。近くの京福寺は菊寿丸の妻の栖徳寺殿の開基した寺で供養塔が残っている。菊寿丸、のちの北条幻庵宗哲は文化人としても著名で、長命な人でもあった。天正十七年（一五八九）十一月に死去した。幻庵宗哲は早雲の頃から最後の北条氏直の滅亡寸前までを見聞きした、まさに北条氏の最長老であったと言えよう。

永正十六年の七月に北条氏綱が房総に渡海するので、三浦三崎まで見送った北条早雲は、病に倒れ、八月十五日に韮山城で死去した。六四歳であったという。法名は「早雲寺殿天岳宗瑞大禅定門」とされた。

## 第三節　北条氏綱の武蔵国への進撃

### 鎌倉代官の大道寺氏

永正十六年（一五一九）九月に北条氏綱は父早雲の法要を行うと、戦国大名として活躍を始めた。翌十七年二月には鎌倉の本覚寺に制札を掲げ、鎌倉代官の大道寺盛昌が代官以外の者が諸役を賦課することを禁止させ、北条家の御用は盛昌の判物で命じると通達した。大道寺盛昌が鎌倉の支配を命じられたとわかる。この年には鎌倉の寺社領に検地が施行され、一段と北条氏の鎌倉支配は浸透した。

初代鎌倉代官の大道寺盛昌は、北条早雲の時から仕えた最古参家臣の一人で、山城国（京都府）宇治の近くの大道寺村の出身という。早雲の従兄弟という父発専が早雲に仕え、明応六年

北条氏綱画像　箱根町湯本・早雲寺蔵

（一四九七）十二月の早雲書状写には副状の発給者として登場する。早雲が駿河国の石脇城（静岡県焼津市）にいた時から仕えていたと古文書に見えている（神奈川県立歴史博物館蔵鈴木文書）。発専の子の盛昌も早雲の相模国平定戦に従って功績をたてたものと推定される。盛昌の盛は、早雲の実名の盛時の一字拝領である。

大道寺盛昌の一番の功績は、何と言っても天文元年（一五三二）から開始された北条氏綱による鎌倉の鶴岡八幡宮の造営工事で、造営総奉行を務めたことであろう。造営工事は同九年に完成したが、盛昌は最後まで造営総奉行を務めている。盛昌を助けた造営奉行には、氏綱の重臣である大草丹後守・笠原越前入道信為・石巻勘解由左衛門尉家貞・狩野左衛門尉が就任している。

鶴岡八幡宮の造営工事には、鎌倉が相模国東郡に属していたことから、工事現場の職人や部材管理の監督奉行には玉縄衆の武士たちが、総動員されて参加した。供僧（神社の別当寺の僧侶）の快元が記した工事進捗の日記である『快元僧都記《かいげんそうずき》』には、それら玉縄衆の活躍ぶりが詳細に記されている。この記録には、建物の飾りに金銀の部材を使用していたが、ある夜にすべて盗まれてしまい、盗賊の技のあまりの見事さに、大道寺盛昌も感服したと見えるなど、当時の世相を知るには、恰好の史料といえよう。

大道寺盛昌は、造営工事の完成後も鎌倉代官の職務を務めていた。天文十三年六月には北条氏康から鶴岡八幡宮の管理奉行に蔭山家広・太田正勝とともに任命され、境内の掃除の詳細な規定を申し渡されている（『鶴岡御造営日記』）。盛昌は天文二十年頃に隠居して、嫡男周勝《かねかつ》に家督を譲り六二歳で死去した。

## 江戸城と河越城の掌握

北条氏綱の伊豆国・相模国の経営は進捗し、大永元年（一五二一）十二月には父早雲の菩提寺として箱根湯本に早雲寺を建立した。翌年九月には相模国一宮の寒川神社（神奈川県寒川町）を再建し、ついで箱根神社（神奈川県箱根町）も修築し、相模国支配を確実に把握した。この年には渋江三郎に武蔵国岩付城（埼玉県さいたま市岩槻区）を攻略させ、武蔵国南部に進出した。大永三年三月には武蔵国中奈良（埼玉県熊谷市）長慶寺に相模国・伊豆国への関所の通行を許す通行手形を出しており、一時的ではあるが、氏綱の支配が武蔵国北端部まで及んだとわかる。この文書の奉者（文書の取次役）を遠山直景が務めており、武蔵国支配には遠山氏が責任者であったらしい。この頃に氏綱は伊勢氏綱から北条氏綱と姓名を改称した。鎌倉期の執権北条氏が関東の副将軍職であったことに、模倣したといわれている。早雲の文書には「北条早雲」と署名したものは一通も確認されていない。氏綱の文書では大永四年十二月のものから「北条氏綱」と署名している。

また、この頃には、北条氏綱は多摩川以西の武蔵国小机領（川崎市・横浜市北部）、武蔵国小山田庄（東京都町田市）を領有し、相模国津久井料（相模原市緑区）の内藤大和入道、武蔵国由井領（東京都八王子市）の大石道俊、同国勝沼領（東京都青梅市）の三田綱定らの国衆のほか、武蔵国西多摩郡の国衆の小宮氏・平山氏を服属させ、武蔵国南部の支配に成功した。

大永四年正月に北条氏綱は、扇谷上杉朝興と敵対し、山内上杉憲房と和睦した。十二日には多摩川を越えて江戸領方面に侵攻し、扇谷上杉方の江戸城（東京都千代田区）の太田資高《すけたか》兄弟を内応させると同城を攻略した。太田資高の妻は氏綱の娘であった。氏綱は江戸城代として遠山直景を入れた。

同年六月になると武田信虎の支援を受けた扇谷上杉朝興が、河越城（埼玉県川越市）を本拠として北条氏綱に反撃を開始した。七月には太田資頼《すけより》が守る岩付城を攻略し、江戸城周辺にも進撃したが撤退する。氏綱は十月に江戸城を出馬し、勝沼まで進撃したが、遠山直景の陣場で仲介者があり山内上杉憲房と和睦し、武田信虎とも和睦して、これも撤退した。十一月末には氏綱は越後国守護代の長尾為景に接触を計った。朝興は為景に、氏綱との同盟を拒否するように書状を出している。

大永五年に入ると河越城の扇谷上杉朝興の反撃は、いよいよ激しくなっていった。北条氏綱を「他国の凶徒」と呼び、関東から追い払おうとした。それに対して氏綱は、二月に岩付城を攻略して渋江三郎を入れ、近くの菖蒲城（埼玉県菖蒲町）の金田佐々木氏を味方にした。三月には下総国葛西城（東京都葛飾区）の大石石見守を攻めて朝興を窮地に追い込んでいった。このような状況で起こったのが武蔵国白子原（埼玉県和光市）の合戦である。八月二十二日に北条氏綱と扇谷上杉朝興が白子原で激突し、北条方では福島九郎《くしまくろう》らの八〇〇人が討ち死にして、北条勢が敗走した。福島九郎は玉縄城主の北条綱成の父親と言われている。

大永六年五月には扇谷上杉朝興を支援した上総国の真理谷《まりがやつ》武田信清が武蔵国品川（東京都品川区）方面に侵攻し、里見義豊の家臣正木通綱も同方面に侵攻する。この時に扇谷上杉朝興が蕨城（埼玉県蕨市）を攻略した。十一月には里見勢が鎌倉に乱入し、氏綱の支配地は縮小されていった。この年の六月二十三日に駿河国の今川氏親が死去し、氏輝が家督を継いだ。この隙を突いて七月に甲斐国の武田信虎が今川領に侵攻し、今川氏を支援する北条氏綱が甲斐国籠坂峠の梨木平（静岡県小山町）に出馬したが、武田信虎に敗れて帰国した。十一月には山内上杉憲寛（憲房の養子）が扇谷上杉朝興と共に相模国に侵攻して玉縄城を攻めた。この時は北条勢に撃退されている。十二月中旬には里見義豊が東京湾を渡海して鎌倉に乱入し、鶴岡八幡宮が放火されて焼失した。北条方も防戦に努め、大将の坍和《はが》氏・清水氏・内藤大和入道が活躍した。

享禄三年(一五三〇)に入ると、再度、扇谷上杉朝興と北条氏綱との抗争が起こった。正月早々に遠山直景と扇谷上杉朝興が武蔵国入間郡の吾名《あがな》蜆《しじみ》城(埼玉県飯能市)で戦い、北条勢が敗北する。勢いにのる扇谷上杉朝興が武蔵国に侵攻し、小沢城(川崎市多摩区)や瀬田谷城(東京都世田谷区)を攻略した。八日には江戸城の根小屋に放火してのち、河越城に引き上げていった。これとともに甲斐国の武田信虎も扇谷上杉方の支援として動きだし、武田方の小山田信有が甲斐国猿橋(山梨県大月市)に出陣してきた。四月二十三日には氏綱と小山田信有が同国八坪坂(山梨県上野原市)で合戦となり、小山田勢が敗走した。

六月には氏綱の嫡男氏康が一六歳で初陣し、武蔵国小沢原(川崎市多摩区)で扇谷上杉朝興と難波田善銀《なにわだよしかね》・上田蔵人らと戦い勝利した。九月には山内上杉憲政が上杉憲寛に替わって関東管領に就任している。翌四年九月に太田資頼が北条方の武蔵国岩付城を奪還し、城主の渋江三郎が討ち死にし、北条氏綱の支配地が入間川まで後退した。

相模国では、天文元年(一五三二)七月に玉縄城主の北条為昌が、鎌倉材木座の浄土宗光明寺に、三浦郡の一向宗の旦那(信徒)を同寺の旦那とするように命じ、三浦郡支配を開始した。為昌文書の初見である。為昌の文書は現在、天文八年九月まで九通が確認されている。為昌は北条氏綱の三男で、永正十七年(一五二〇)に生まれた。玉縄城主に就任した時には一三歳で、幼い城主であったから後見役が必要であった。元服の時に烏帽子親を務めた大道寺盛昌が後見役になり、玉縄城代も兼務した。北条氏綱には男子が氏康と為昌・氏尭の三人と養子の綱成しかおらず、支城の城主に就任させる者は、為昌・氏尭・綱成から選ぶしかなかったのである。氏康は長男であるから氏綱の家督を継がせて、第三代当主に就任させるためである。為昌は武蔵国河越城の城代をも兼務したから、幼いとはいえ、たいへんな重責を負わされていたのである。玉縄城主の間は、氏綱による鶴岡八幡宮の造営工事が行われていたから、玉縄衆の家臣らは工事現場に狩り出されており、その間には駿河国や武蔵国方面へも出陣するという状況のため、多忙を極めていた。為昌は天文八年頃から古文書や記録類から見えなくなり、同十一年五月に二三歳の若さで死去した。古文書が九通と少ないのは、そのためであろう。子供もいなかったので、玉縄城主には氏綱の娘婿である北条綱成が継ぎ、河越城代は大道寺盛昌が務めた。為昌の家臣団は三分割され、綱成・北条宗哲の家臣に、三浦郡は北条氏康が直接支配した。北条氏綱は天文十年七月に死去しており、氏康が既に小田原城の当主についていた。

同年十月には、里見義尭《よしたか》の援軍が鎌倉に到着したため、北条氏綱は十三日に伊豆・相模・武蔵と里見勢の全軍を率いて河越城の攻略に向かった。北条為昌も参陣した。十五日に氏綱・氏康・宗哲・為昌の軍勢と扇谷上杉朝興の軍勢が入間川河畔で激突し、北条方が勝利して河越城を攻略した。北条為昌が城主、大道寺盛昌が補佐して城代を務める。

天文五年には、北条領は河越城の領有で安定したため、二月に駿河国の今川氏輝が小田原城に来訪した。この時に北条氏綱は箱根峠の悪路には箱根竹を敷いて道普請を行わせている。氏輝の来訪で小田原城では冷泉為和《れいぜいためかず》が北条為昌邸・氏康邸で歌会を開催している。しかし、今川氏輝は帰国直後の三月十七日に死去したため、四月末になると家督相続の内紛が起こり、今川義元と兄弟の玄広恵探《げんこうえたん》とが抗争する花蔵《はなくら》の乱が勃発した。北条氏綱は今川義元を支援して玄広恵探を攻め滅ぼして六月十日には乱は決着し、今川義元が当主に就任した。天文六年二月には武田信虎の娘が今川義元に嫁ぎ、武田氏と今川氏が同盟する。氏綱は武田信虎と抗争中であるから反対した。ここに氏綱は扇谷上杉氏・武田氏・今川氏の三者とに包囲されることとなった。氏綱は駿河国に侵攻し今川義元との抗争に入る。第一次河東《かとう》一乱が勃発し、小田原衆と玉縄衆も出陣した。同年四月二十七日に河越城で扇谷上杉朝興が死去し嫡男朝定が家督を相続した。北条氏綱は一度は河越城を攻略したものの、朝興の死去以前には上杉朝興に奪回されていたのであろう。

### 周囲を敵として

駿河国の花蔵の乱では、北条氏綱は今川義元に味方して敵を滅ぼしたが、その恩を忘れて宿敵の扇谷上杉朝定と同盟する武田信虎との同盟に踏み切った今川義元の行為に、怒った氏綱は、天文六年（一五三七）二月二十一日に駿河国に出撃した。鶴岡八幡宮の造営工事の最中ではあったが、三縄衆を主力として参陣した。同月末には駿河国富士郡に進撃し、武田信虎は籠坂峠を越えて須走口（静岡県小山町）に出陣してきた。周囲を強敵に包囲された氏綱は危機的であった。

天文六年五月十四日、このような駿河国出陣の最中に、房総方面で再び内紛が勃発した。五月中旬に上総国の天神台城（千葉県木更津市）の真理谷武田信隆と真理谷城（木更津市）の武田信応《のぶまさ》兄弟が抗争しはじめた。信隆は総領の信応を真理谷城から追い出す行動に出た。信隆に味方する国衆たちは峯上城（千葉県富津市）や百首城（富津市）に挙兵した。信応を支援する小弓公方足利義明・里見義堯が出馬し、北条氏綱の支援する峯上城の信隆を攻めた。北条方からは大藤金谷斎が天神山城に派遣されて迎撃したが、かなわず信隆は足利義明・里見義堯に降伏し、北条勢は敗走した。

ここで大藤金谷斎について紹介しておこう。紀伊国（和歌山県）高野山根来寺の僧侶の出身といわれる大藤金谷斎は信基、入道して永栄と名乗り、北条氏綱の重臣として諸足軽衆（足軽大将の軍団）を率いた。相模国中郡の郡代を務め、田原城（神奈川県秦野市）の城主であった。天文三年九月には、菩提寺の北波多野（秦野市）の春窓院に寺領一五貫文を寄進している。年月日未詳の北波多野の住吉大明神の棟札には「地頭大藤殿」とある。『小田原衆所領役帳』〈諸足軽衆〉の筆頭に金谷斎信基の末子政信が見られ、知行地は北波多野で七九貫文、ほかに秦野周辺で五五貫文、三浦松輪（三浦市南下浦町）で五〇貫文の知行高である。ほかに岡崎（伊勢原市・平塚市）周辺で三三五貫文の足軽衆の知行分があり、ここも大藤氏の管轄地であった。永禄四年（一五六一）と推定される十月の北条家朱印状では、大藤氏の家臣は一九三人と記されている。大藤氏の軍勢は北条氏の遊撃隊の性格が強く、どこへでも出馬して強敵と戦っていた。大藤氏の歴代は信基（金谷斎）─景長─秀信─政信─与七と続いた。なお、大藤金谷斎は日本で初めて鉄砲を使用した人との伝説があり、天文十二年の種子島への鉄砲伝来よりも早いということである。高野山の根来寺は鉄砲の生産地として著名であるから、もしくは真実であるかもわからない。今後の研究課題であろう。

天文七年正月に扇谷上杉朝定が河越城の奪還を計画し、関東管領の山内上杉憲政とともに同城を攻めるが、北条氏綱に撃退される。二月初旬に氏綱は扇谷上杉方の下総国葛西城（東京都葛飾区）に大石石見守を攻めて攻略し、房総方面への進撃拠点とする。この頃には、氏綱は武蔵国をほぼ領有した。

### 北条氏綱の戦国大名化

天文七年（一五三八）五月には、北条氏綱と武田信虎が和睦し、駿河・甲斐両国との抗争が一時終息した。八月には氏綱が鶴岡八幡宮に太刀を奉納して、今後の武運長久を祈願した。九月に氏綱は鶴岡八幡宮の獅子舞勧進の費用として、相模国東郡・中郡の郷村の家々に二銭ずつの募縁（費用を寄進すること）を許した。上杉氏との抗争も一時的に終息し、相模国の戦乱も治まったと思われる。

しかし、北条氏綱の安息は永くは続かず、十月早々に内密の事として、古河公方足利晴氏から敵対する小弓公方足利義明の退治を命令された。氏綱は了承して江戸城に入り、次いで六日には下総国に出馬した。翌七日に足利義明が里見勢と松戸（千葉県松戸市）相模台に布陣し、北条勢と合戦になり、義明と一族が討ち死にし北条氏綱が大勝利した。通説では第一次国府台《こうのだい》合戦と呼ばれている。小弓公方の滅亡で原胤清が小弓城（千葉県千葉市中央区）に入り、氏綱に味方した。氏綱は小田原城に帰国した。十五日には鶴岡八幡宮で勝利の感謝への祈祷が行われ、家臣らは氏綱の支配が伊豆・相模・武蔵三か国・房総・駿河半国に及んだと歓喜した。

六月末には京都の将軍足利義晴が北条氏綱に支援を求めて、鷹や馬の贈答品を贈呈してきた。北条氏綱の関東南部支配の確立と、今川氏からの独立、戦国大名としての成立を将軍家も認めたためであろう。七月には氏綱は、小田原城の大手前の松原大明神に駿河国での勝利と、同国駿東郡・富士郡の領有を感謝し、社領として二〇貫文を寄進した。確かに駿河国半国を領有した証である。この頃には、京都の将軍家も氏綱の嫡男氏康を第三代当主と認める書状を、氏綱に与えており、氏綱を歓喜させた。小田原城を中心に同心円的に、伊豆国では韮山城、相模国

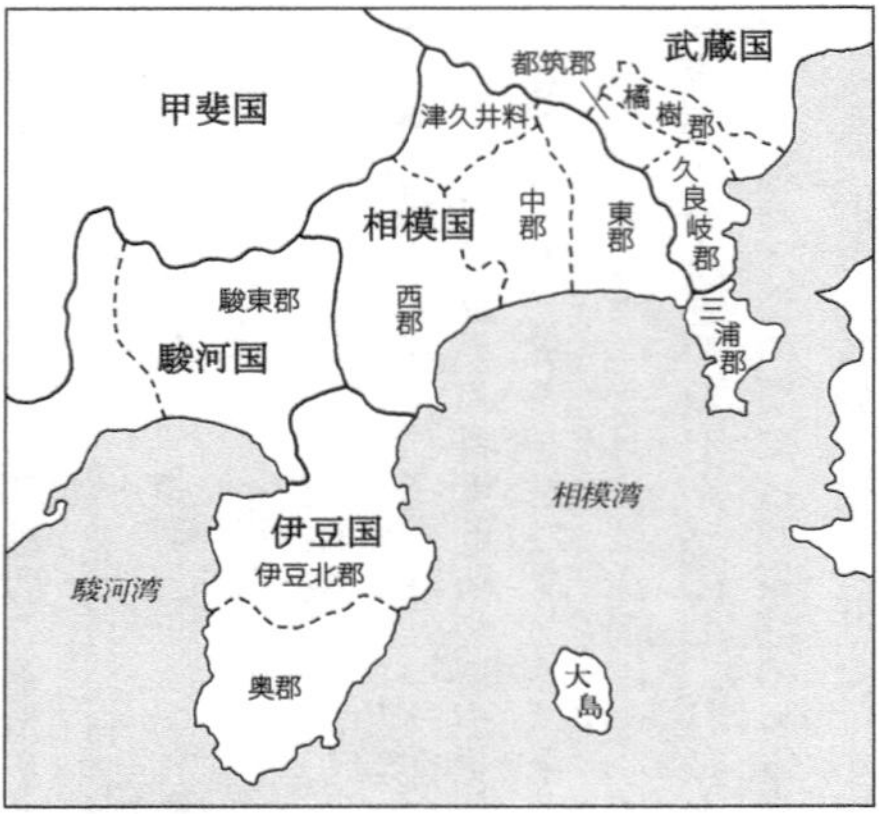

北条氏本国領

では玉縄城・津久井城・三崎城、武蔵国では小机城・江戸城・河越城と支城網が確立し、氏綱の晩年には戦国大名北条氏の基盤は完全に確立したのである。この伊豆・相模両国と武蔵国南部の支配領域は、後々までも「本国領」と呼称された。武田・今川との騒乱地である駿河国半分は本国領から外されていた。

北条氏康は、父氏綱の死去した天文十年七月に家督相続し、当主に就任したと言われているが、天文八年末には、単独で判物を出しており、すでに第三代当主として世間は認めていた。鶴岡八幡宮の造営工事も、翌九年には一応の完成をみ、氏綱も安堵した事であろう。十一月二十二日に遷宮式を行い、氏綱と氏康・宗哲が列席したが、北条為昌は記録に見られない。病に伏していたためか。

古河公方足利晴氏の正室の芳春院殿（北条氏綱の娘）が、十一月末に小田原城で男子を出産した。のちの足利義氏である。ここに、北条氏綱は古河公方と姻戚関係となり、関東統治に大きく影響することになった。北条氏の基盤を確立した北条氏綱は、翌十年五月に氏康に遺言状を認めると、七月十七日に小田原城で病没した。五五歳の波瀾に富んだ人生であった。

北条氏綱が相模国を統治するのに、功績のあった最古参家臣の相模国西郡郡代を務めた石巻家貞の存在は無視することは出来ない。

石巻家貞は、もと三河国八名郡石巻郷（愛知県豊橋市）の国衆で、初めは石巻家種と名乗った。官途は勘解由左衛門尉、受領（国司の称号）は下野守を称した。北条早雲に仕え、西郡代の要職を務め、小田原城の評定衆や天文二年三月から北条家朱印状の奉者（文書の取次役）を務めた。早雲の頃の伊豆方面の状況を書いた年未詳四月の大道寺盛昌書状に、早雲が駿河国石脇城（静岡県焼津市）にいた時、すでに石巻氏も早雲に仕えていたことを述べており、初期古参家臣の一人と判明する。

天文元年から始まった鶴岡八幡宮の造営工事には、造営奉行七人の一人として石巻家貞が『快元僧都記』に見えている。北条氏康の時代の天文二十二年からは小田原城の官僚としての支配文書が多くなり、裁判事に預かる評定衆の文書にも署名している。弘治二年（一五五六）三月には相模国箱根の畑宿（箱根町）の町人が欠落《かけおち》（郷村から逃亡すること）したため、諸役を免除した。このことは、箱根を含む西郡の郡代の責務を遂行した結果と捉えられる。永禄十年（一五六七）十月には小田原城下の寺の規定に関する北条氏康朱印状に見えるのを最後に、文書から家貞の名前は消えている。隠居したのであろう。

## 第四節　北条氏綱の相模国支配

### 小田原文化の誕生

北条早雲・氏綱の時代から、後に小田原文化と言われる職人や文化人が小田原城下に来訪し、京都文化が定着する機運が生まれた。彼らは北条氏の庇護のもと、独特の文化を発展させた。そもそも、北条氏と京都との関係は、早雲が備中国（岡山県）から京都の室町幕府の役人として上京したことから始まっていた。次いで今川氏親の家臣として駿河国にいた時に、京都の公家との関係が生まれた。今川氏は、特に京都の公家文化を享受する家風であったから、早雲もその家風に影響を受けたものと思われる。

北条早雲が伊豆国を平定した直後の明応八年（一四九九）五月に、京都公家の飛鳥井雅康が早雲に書状を出し、駿河・伊豆方面の状況を問い合わせている。雅康は歌と蹴鞠《けまり》の指南公家であり、後には北条氏康に蹴鞠の極意を伝授し、小田原城内に蹴鞠の庭を設えている。早雲は公家の三条西実隆とも近しい関係にあった。文亀元年（一五〇一）六月には連歌師の宗長が駿河国から相模国に来訪した。翌年七月には宗長の師匠の連歌師の宗祇が、相模国守護代の上田氏の玉縄城下の屋敷で連歌会を開催した。永正六年（一五〇九）七月にも宗長が鎌倉に来て建長寺天源庵を訪れていた。

永正元年三月に、小田原城下にいる京紺屋津田正朝が死去し、嫡男正満が跡を継いだ。紺屋の津田氏は、京都の朝廷や公家たちの衣服地の染物を生業とする技術の高い職人である。最初は、大森氏頼が招致して小田原城下の大窪に住まわせ正朝の時に染物業を始めた。その後、小田原城を攻略した北条早雲に仕えた。柿色の染色を得意とし、京都の公家に喜ばれ、京紺屋と呼ばれた。北条氏の時代には小田原染と称した。代々藤兵衛を称して正朝―正満―正輝と続き、北条氏から分国中の紺屋の藍瓶銭《あいがめせん》の徴収を任されていた。

宗祇墓所　箱根町湯本・早雲寺

永正元年には京都の薬師（医者）の宇野定治が、北条早雲の招きで小田原城下に移住したという。外郎《ういろう》（透頂香《とうちんこう》）と言う丸薬を販売し小田原外郎と呼ばれた。京都と北条氏との連絡役を務め、三条西実隆や近衛尚通《ひさみち》への使者として活躍した。大永二年（一五二二）

には宇野氏が小田原城下の早川に菩提寺の玉伝寺を創建した。天文八年（一五三九）二月に定治は河越城領の今成（埼玉県川越市）の代官も務め氏綱の家臣であった。宇野氏は、定治―家治―吉治と続いた。

北条氏の一門には、絵画に巧みな武将がいた。北条氏綱の妹婿の綱成の嫡男氏繁は、その代表的な存在で、彼が描いた鷹図が一点残っている。美術の専門家の評価では、まさに玄人はだしの出来映えという。

## 小田原周辺の武士たち

北条氏綱が戦国大名として相模国から武蔵国南部を領有し、房総方面までも進出できたその根幹は、なんと言っても父北条早雲以来の、忠実な家臣の働きによることは言をまたない。これらの家臣の知行地は小田原城の周辺になる相模国西郡に、多くが集中していた。北条氏康の時代ではあるが、『小田原衆所領役帳』に見える西郡の知行地獲得者の主な者で、知行高一〇〇貫文以上の者を衆別に拾ってみると、次のようである。

小田原衆では苅野荘（南足柄市）の松田憲秀と今井郷（小田原市）の松田一族。延沢（開成町）の板部岡康雄、御馬廻衆では成田（小田原市）の藤田大蔵丞、玉縄衆では大井（開成町）の太田正勝、江戸衆では松田（松田町）の遠山景綱、松山衆では千代（小田原市）の太田泰昌、他国衆では酒勾郷（小田原市）の三田綱定が知行主として見え、北条一族衆の北条宗哲、北条氏堯、北条三郎らの知行地も散在していた。

この知行地の分布状況から、小田原城の西部には松田氏の知行地が多く、北から東方面には重臣たちの内でも、小田原城の当主の側近家臣で、奉行を務める小田原衆や御馬廻衆の者の知行地が多いことが歴然としている。この中で松田氏・篠窪民部丞以外は、元から西郡にいた豪族ではなく、他国から北条氏の家臣として、入部してきた者たちである。松田氏の経緯については第一章第一節の「松田氏と遠山氏」で述べたので参照されたい。

篠窪民部丞は、もとは鎌倉幕府の政所《まんどころ》執事を務めた二階堂行村の末裔で、行村が建保元年（一二一三）の和田の乱で功績を立て、相模国大井荘（大井町）を拝領した。後に行村の子孫になる政貞が大井荘内の篠窪に屋敷を構えて篠窪氏を名乗った。近くの地福寺は政貞の開基した菩提寺である。地福禅寺という。明応三年（一四九四）九月には、篠窪左衛門尉が武蔵国小沢原の合戦で戦功を立て、扇谷上杉定正から感謝されており、北条早雲の相模国侵攻時には、篠窪氏は敵方であったとわかる。その後に北条氏綱に仕えたと想像される。その時は、篠窪出羽入道の時代で、天文元年（一五三二）からの鶴岡八幡宮の造営工事に参加している。同十年には武蔵国河越城の戦いでの功績で北条氏康から感状を受けた。

狩野泰光は伊豆国狩野荘（静岡県伊豆市）の豪族の出身で、北条早雲の伊豆侵攻では、柿木城で狩野道一が早雲に敵対した。その一族が早雲の伊豆平定の過程で早雲に仕えた。泰光は北条氏康に仕え、小田原城の官僚機構の御馬廻衆の中心人物となり、北条家朱印状の奉者や評定衆・検地奉行などを務めた。『小田原衆所領役帳』では知行高は五一三貫文と見える。後に北条氏照の重臣となる狩野一庵（宗円）は狩野泰光の後身との説もある。一庵は天正十八年（一五九〇）六月に八王子城（東京都八王子市）で豊臣秀吉方の北国勢（北陸の大名の軍勢）と戦い討ち死にした。

ここで北条早雲に仕えて、その後も京都で活躍した「京下りの方」と呼ばれた人の一人である小笠原康広も紹介しよう。小笠原氏は京都の幕府奉公衆の出で、将軍家の弓馬師範を務めた名族である。将軍足利義尚の弓馬指南役の小笠原政清の嫡男六郎元続の子である康広は、北条氏綱の従兄弟の子である。政清の娘は早雲の正室で、氏綱の母親になる。家系は政清―元続―康広―長房と続いた。元続が氏綱に仕え、京都との使者を務めた。その子康広は、享禄四年（一五三一）に生まれ、氏綱・氏康・氏政・氏直に仕えた。天文八年六月には将軍足利義晴が、元続から氏綱・氏康父子が幕府に忠節を尽くしているとの報告に喜んでいる。のちに徳川家康と北条氏直の交渉にも活躍し、天正十一年七月には家康の娘の督姫が氏直に嫁ぐ時に、康広が督姫を浜松城（静岡県浜松市北区）に迎えに行った。小田原合戦後は徳川家康に仕え、慶長二年（一五九七）十二月に六七歳で死去した。

## 相模川流域の武士たち

北条氏綱の時代には、相模国は完全に北条氏の領国となり、三浦道寸の滅亡により、中郡と三浦郡の平定も完了した。相模国中郡は相模川の西側地域から四十八瀬《しじゅうはっせ》川の流域である。古来からの淘綾《ゆるぎ》・大住・愛甲の三郡域に当たる。中郡は北条氏が創設した新郡名で、その初見は永正九年（一五一二）十二月の北条早雲文書に「相州中郡の内散田郷」と見える。散田郷は厚木市三田の地である。『小田原衆所領役帳』に見える中郡の知行地の武士たちは、一〇〇人を越えるが、その内で相模川の流域西側地域を本拠としたのは、大部分が北条早雲・氏綱の頃から中郡に本拠を据えた武士たちである。もとの領主は岡崎城（伊勢原市・平塚市）に本拠を据えていた三浦道寸で、その旧領の郷村を北条氏家臣が拝領した結果である。

相模川流域の西側に隣接する清川村・厚木市・伊勢原市・平塚市の市町村域に知行地を拝領した北条氏康の時代の主な武士たちは、以下のようである。

清川村では板倉修理亮、伊勢原市では沼部郷の垪和氏続《はがうじつぐ》、串橋の山中康豊、厚木市では小野の庄康正、荻野郷の松田康長、飯山の新田《しんでん》日向守、散田の越智弾正忠、岡田郷の内藤康行が主な者である。

これらの武士たちは、北条氏綱や氏康の重臣や奉行を務めた側近家臣が多い。その内の主な人で庄康正・板倉修理亮・垪和氏続・須藤盛永の四人を紹介させていただく。

厚木市小野の知行主である庄康正は、小田原城の石巻家貞の率いる御馬廻衆で、出身は備中国（岡山県）の守護代の庄元資が室町幕府の奉公衆を務めた。元資は北条早雲の頃から仕えた古参家臣。その子資直の嫡男が康正になる。天文二十二年（一五五三）正月に氏康から康の一字を拝領した側近家臣で、『小田原衆所領役帳』では小野郷で一四一貫文を知行し、その内の九六貫文は天文十二年の検地増分とある。天正八年（一五八〇）九月には小野郷内の龍鳳寺に康正・直能父子が寺領として一〇貫文を寄進した。龍鳳寺は康正の開基した菩提寺で、境内に康正の墓所がある。法名は祥雲院華岳宗英居士。

厚木市下古沢の板倉修理亮は、『小田原衆所領役帳』〈松山衆〉に見え、七八貫文の知行高である。本拠は中郡煤ヶ谷（清川村）で、父親の板倉新次郎の屋敷地である。新次郎は下古沢の龍栖寺の開基で、大永元年（一五二一）に死去し、墓は下古沢の杉山氏旧宅の裏山にある。その嫡男修理亮は北条氏康・氏政に仕え山奉行を務めた。天正七年五月には小田原城の大蔵を造営する材木を津久井料内の丹沢山から出させ、修理亮に材木の伐採と小田原城への搬入を命じた。同十六年七月には、修理亮の嫡男内膳正にも材木五九〇丁の搬入を求め、人足賃金として二七貫文を北条氏が支払った。板倉氏は津久井山中の山奉行を代々務め森林管理をしていた。下古沢の板倉氏屋敷址は、下古沢地区の北寄りに字名の開戸・マトイバが残り、板倉新次郎の墓地からは五輪塔や宝篋印塔が出土した。

伊勢原市も同様に、主だった武士たちである垪和氏続・山中康豊を紹介しておこう。沼部郷（伊勢原市沼目）の知行主の垪和氏続は、美作国（岡山県）の守護代を務め、その一族の垪和氏堯が北条早雲に仕え、駿河国駿東郡に土着した。小田原城下の多古には氏堯の母親の菩提寺である玉宝寺が残っている。玉宝寺は五百羅漢として著名である。垪和氏続は氏堯の嫡男で、北条氏康に仕えて駿河国興国寺城（静岡県沼津市）城主を務めた。永禄二年（一五五九）九月には玉宝寺に寺領安堵の判物を出している。『小田原衆所領役帳』〈松山衆〉に、三三二貫文・中郡沼部郷とあり、当時は沼目は沼部といったと知れる。その他で合計一一二八貫文と高額の知行を有していた。この頃には武蔵国松山城（埼玉県吉見町）の家臣であったが、永禄十一年には、再び駿東郡の支配に戻り、翌十二年には北条氏政から興国寺城の城主に任命された。元亀二年（一五七一）末に興国寺城は武田信玄に引き渡され、氏続は相模国に帰国した。江戸初期の山鹿素行の『武家事紀』には、北条氏は攻略した城を氏続にまず預け、城の守備や体制を整えた後に、次の者に引き継がせたと、氏続の功績を褒めている。嫡男の又太郎も、北条氏直の家臣として活躍した。

伊勢原市串橋を本拠とした山中康豊は、北条氏綱・為昌・氏康に仕えた側近家臣であった。後には三浦郡三崎城（三浦市）の城主北条氏規の家老として三浦郡の郡代を務めた。元亀元年八月には氏規と共に伊豆国韮山城（静岡県伊豆の国市）で武田信玄と激戦を演じた。

相模川河口部の平塚市域では須藤盛永を紹介しておこう。

平塚市万田の須藤盛永は、小田原城で職人奉行を務めた人として著名である。須藤氏は下野国（栃木県）の国衆の那須氏の一族で、須藤資光が小田原城の大森氏頼に仕えた。北条早雲の小田原城領有後に早雲に仕え、資光の後は盛永―盛良―盛勝と続いた。盛永は北条氏綱・氏康・氏政と仕え、天文元年からの鶴岡八幡宮の造営工事には銀奉行を務めた。『小田原衆所領役帳』〈職人衆〉の筆頭に記載され、知行は中郡万田で一〇〇貫文、出縄（平塚市）で一〇貫文、その他で合計二〇〇貫文である。出縄郷の知行には六一貫文の御細工公用銭が預けられており、当時から職人奉行を務めていたとわかる。小田原城下の須藤町（小田原市栄町二丁目）に屋敷があるため町名になった。鍛冶や石工らの職人に賃金を支払う文書に、たびたび登場する。天正十二年（一五八四）十二月に死去し、森野（東京都町田市）の妙円寺に墓所があり、出縄の蓮大寺にも一族の墓がある。

第二章

# 北条氏康と上杉謙信

津久井城址　相模原市緑区

## 第一節　進む支城網の設定

### 郷村への税制と軍役の確立

北条氏の第三代当主の北条氏康は、永正十二年（一五一五）に北条氏綱の嫡男として生まれた。母親は養珠院殿（北条相模守の娘）と伝える。幼名は伊豆千代丸という。天文八年（一五三九）十二月には文書を発給しており、父氏綱の死去する二年前から領国支配に係わっていた。氏綱が天文十年七月に死去すると、二七歳で家督を相続して小田原城の当主に就任した。

北条氏康が当主になった相模国周辺の状況としては、天文十年十月に扇谷上杉朝定が、武蔵国江戸城領の品川（東京都品川区）方面に侵攻し、北条氏方の同国河越城（埼玉県川越市）を攻め、氏康に撃退された。十一月二日には、河越城の合戦での戦功で、氏康の側近衆の大藤与次郎・竹本源三・篠窪出羽入道・重田杢之助・太田弾正忠・志村弥四郎が、氏康から感状を受けている。同月末には相模国北部の津久井料に隣接する八菅山（愛川町）の八菅山大権現の社殿を修築した。その棟札には、大旦那（造営などの施工主）として遠山綱景、代官に志村昌瑞、当地頭に内藤康行と見える。遠山綱景は江戸城代、志村昌瑞は遠山家臣で現地の代官、内藤康行は津久井料の郷村を支配する津久井城（相模原市緑区）の城主で、氏康に味方する国衆である。

この頃には津久井料も、完全に北条氏の領国に編入されていたとわかる。

五月に、玉縄城主・河越城代を務めた氏康の弟の北条為昌が死去した。二三歳という若さであったが、相模国東郡と三浦郡、武蔵国久良岐郡、河越領という広大な地域を治めた重鎮であった。為昌の遺臣も膨大な人数であったから、氏康は三浦郡を自己の直接支配地とし、玉縄城の玉縄衆は北条綱成、河越城の河越衆は大道寺盛昌の家臣に三分割させた。この動揺の隙に、敵対する両上杉氏が策動したとみえ、六月末に氏康が武蔵国に出陣し、相模国当麻《たいま》宿（相模原市南区）に制札を掲げて、北条勢の乱暴を禁止させている。当麻宿は北条氏の武蔵国方面への軍事行動の集合地点で、各方面の武士たちの参陣の集合地と思われる。相模川の渡河地点で、東には江戸城、北には河越城、南には小田原城に至る街道が四通した交通の結節点であった。

**北条氏康画像**　箱根町湯本・早雲寺蔵

この北条氏康の行動に対して、敵対する山内上杉憲政は六月に常陸国鹿島神宮（茨城県鹿嶋市）に願文を掲げ、北条早雲から氏康までの悪行を書き立てて北条氏の滅亡を祈願している。氏康の初期には、まだまだ関東統治は敵対する勢力に囲まれて多難な状況であった。この軍事行動の根幹に当たるのは、各地の武士たちの軍役を確実に掌握する必要があった。武士たちの軍役は、その知行する郷村の知行高に賦課されていた。そのため、武士たちの知行地の確認と知行高の把握が問題となった。天文十一年には相模国中郡・東郡・津久井料、武蔵国南部の検地が氏康によって行われた。また、九月末には垪和氏続に相模国渋谷荘（綾瀬市）での知行を安堵し、反銭《たんせん》（田の耕作税）・棟別銭（家屋税）を免除した。これが北条氏文書での反銭の初見であり、この頃から、氏康の施策で郷村への諸税が決定し、武士たちの軍役も確定していった。氏康の時代には虎の朱印状が急激に多く郷村に発給され始めるのも、軍役・税制の確立への結果と思われる。

天文十二年九月初旬に北条氏康は、伊豆国長浜（静岡県沼津市）に検地を施行し、田一反は五〇〇文、畠一反は二〇〇文の貫高計算値を決めた。同年十月には相模国坂間郷（平塚市根坂間）高麗寺分に検地を施行して郷高を確定し、検地奉行に関時長らの五人が派遣されている。この頃から、郷村の検地結果を知らせる北条家朱印状が郷村に出されるようになり、一段と北条氏の郷村支配は確立していった。

天文十九年四月には、北条氏康による郷村の税制改革が断行され、反銭・棟別銭に加えて懸《かけ》銭《せん》（畠の耕作税）の三種類が基本三税として確立した。直轄領、家臣の知行地、寺社領など、すべての郷村に賦課される基本税が決定した。全国の戦国大名でも、早いほうである。この時の通達する北条家朱印状は、相模国では一色（小田原市）・磯辺（相模原市南区）・田名郷（相模原市中央区）と、伊豆国・武蔵国にわたる八か郷村に出されたのが残っており、領国中の内の本国領の全域に発給されたとわかる。

　天文十八年十一月には、相模国小野郷（厚木市）の庄康正に同郷を安堵し、天文十二年の検地で確定した知行高に軍役を賦課している。知行高は一四一貫文で、その内の九六貫文分は、検地の増分であった。

### 津久井料の内藤氏

　相模川の上流部に当たり、相模国中郡の北端に隣接し、甲斐国（山梨県）に接する津久井料（相模原市緑区）の地域の戦国期の状況は、どのようなものであったか。津久井城の城主の内藤氏を中心に見てみよう。当時は津久井料の内、もとの相模湖町・藤野町・津久井町の地域は、奥三保《おくさんぽう》と呼ばれていた。

　史料からは、内藤氏の初見は明応七年（一四九八）九月に、津久井料鳥屋の諏訪神社の社殿を修築した棟札に、井上主計助が本願主となって行ったと見える。井上氏は内藤大和入道の家臣である。その後、内藤氏は大和入道―朝行―康行―綱秀―直行と続いた。大和入道は扇谷上杉氏に属した国衆で、北条早雲が相模国に侵攻した頃には、早雲に敵対していた。大和入道は大永四年（一五二四）十二月に津久井城下の青山（相模原市緑区）の光明寺に、菜園（寺付の田畠）として六六四文の地を寺領として寄進した。この文書が大和入道に関する唯一のものであるが、端裏書《はじうらがき》（文書の裏書）に津久井とあって、本文の署名を内藤大和入道としていることから、津久井城の城主と考えられている。嫡男朝行の文書は三通しか確認されていないが、享禄三年（一五三〇）二月の中野（相模原市緑区）祥泉寺熊野堂の修築棟札に地頭朝行と見えている。朝行の朝は、扇谷上杉朝興の一字拝領と思われ、朝行も北条氏綱に敵対した国衆とみられる。

次の内藤康行は、古文書が一通確認され、天文五年（一五三六）八月に見られる。青山の光明寺に寺家の相続を許可した。康行は北条氏康による天文十五年四月の河越城の夜戦による山内上杉憲政・扇谷上杉朝定の敗北により、扇谷上杉氏を離反して、氏康に属した。『小田原衆所領役帳』〈津久井衆〉の筆頭に内藤左近将監と見え、康行は官途を左近将監と称した。知行地は中郡岡田郷・酒井郷・愛甲（ともに厚木市）のほか、東郡河尻村（相模原市緑区）など、合計一〇〇二貫文、そのほか、津久井料の奥三保一七か村で、合計四〇五貫文、総計一四〇七貫文の知行高である。そこに見える康行の家臣には、一族の田代城（愛川町）城主の内藤秀行、煤ヶ谷（清川村）の井上加賀守・同雅楽助、津久井料内の文入・小島・石井・守屋・大塚・石井・落合・中村・尾崎・山口・鈴木・三富・野呂の各氏、磯辺（相模原市南区）の野口遠江守、小沢（愛川町）の金子新五郎、久松村（平塚市纏）の矢部修理亮がおり、知行高一七五〇貫文に軍役を賦課するとある。これらの内藤氏の知行地の多くは、天文十二年の北条氏の代替わり検地を受けていた。

内藤康行の嫡男（もしくは養子か）綱秀も北条氏政・氏直に仕えた国衆である。内藤綱秀の時代には、北条氏の支配が内藤氏の内部に浸透し始めており、もはや、独立した国衆とは言えなくなっていた。内藤綱秀の文書九通のうち、五通は朱印状であることを考慮すると、北条氏が支城主に任命した者には、支城支配には朱印状を使用することを許可している。内藤綱秀の朱印状は、天正十三年（一五八五）三月から見られることから、天正十年の武田勝頼の滅亡と、その後の徳川家康の甲斐国の領有に関係している。氏直は甲斐国に隣接する津久井料の守りを固める意図で、津久井城を支城と位置づけ、内藤綱秀の家臣化を計ったものと捉えられる。そのことは、綱秀の嫡男直行の正室は松田憲秀の娘であり、直行の直は北条氏直の一字拝領であることからも歴然としている。松田憲秀は北条氏の一門衆であり、その娘を正室とした直行も、当然一門衆に加えられた。

小田原合戦の後は、内藤直行は紀伊国高野山（和歌山県高野町）に追放され、のち助右衛門と改め加賀国(石川県)金沢城の前田利長に仕えた。内藤氏家臣の守屋行重は津久井料与瀬村(相模原市緑区）の武士で、小田原合戦の後、徳川家康に仕えて津久井料・相模国高座郡の幕府直轄領の代官を務めた。慶長九年に七四歳で死去し、墓所は相模原市緑区日連の青蓮寺にある。

### 北条氏康が河越城の合戦で勝利

天文十四年（一五四五）五月末には、関東管領の山内上杉憲政が里見氏と協力して北条方の武蔵国忍《おし》城（埼玉県行田市）の成田長泰を攻める計画を小山高朝に告げる。同年秋には古河公方足利晴氏・山内上杉憲政・扇谷上杉朝定が連合して、今川勢・武田勢とともに武蔵国河越城を囲み越年した。河越城には北条宗哲・北条綱成が籠もっていた。北条氏康は駿河国駿東郡から富士郡に出陣し、今川義元・武田信玄と戦った。しかし、同年十月末には氏康と義元・信玄との和睦が成立し、その条件として氏康は富士川以東の地を義元に渡して撤退している。

天文十五年四月十七日に相模国江ノ島（藤沢市）の江ノ島神社に戦勝祈願した北条氏康は、河越城に籠もる北条宗哲・北条綱成らの救援に向かい、二十日には河越城外の砂窪に着陣した。その夜には山内上杉憲政・扇谷上杉朝定・足利晴氏を撃破し、近くの松山城も攻略した。朝定は戦死して扇谷上杉氏は滅亡し、太田資頼・難波田善銀も討ち死にした。山内上杉憲政・足利晴氏は敗走した。この大勝利によって北条氏の領国は武蔵国北部に拡大し、河越城には大道寺盛昌、松山城には垪和氏続が入部した。この結果として関東管領・古河公方体制が崩壊した。氏康は下総国関宿城（千葉県野田市）の簗田高助に、足利晴氏が北条氏を離反して両上杉方に加担したことを激しく詰問し、古河公方の権威を失墜させ、同時に山内上杉氏から関東管領職も継承した。ここに長かった扇谷・山内両上杉氏との抗争も終息し、氏康の伊豆・相模・武蔵三か国を領有する全国有数の戦国大名が誕生した。

天文十七年十二月には、山内上杉憲政に属した国衆で上野国国峰城（群馬県甘楽町）の小幡憲重が北条氏康に従属してきた。この月には越後国守護代の長尾晴景が引退し、弟の景虎（のちの上杉謙信）が家督を継ぎ春日山城（新潟県上越市）に入った。北条氏にとっては最大の宿敵の登場となった。翌十八年七月には、武蔵国南部の由井城（東京都八王子市）の城主で国衆の大石道俊からの書状で、氏康に山内上杉憲政の軍勢が侵攻することが予測されると伝えられた。道俊は大永年間（一五二一～二八）には、すでに山内上杉氏を離反して北条氏綱に従属していた。山内上杉憲政は上野国に逃亡して、味方する国衆に助けられて、氏康への反撃を画策していたらしい。氏康の軍事行動は、自然と武蔵国を越えて上野国方面に移っていった。この年には山内上杉氏の家臣で武蔵国天神山城（埼玉県長瀞町）城主の藤田泰邦が氏康に従属してきた。天文十九年に入ると、北条氏康の上野国への領土拡大は、ますます進捗していった。

## 北条宗哲の家臣の活躍

天文十五年（一五四六）を過ぎると、扇谷上杉氏は滅亡し、山内上杉氏は敗走してしまい、北条氏康の武蔵国領有と上野国への侵攻はおおいに進捗した。その間の相模国の動きは、どうであったのか。この頃には、北条早雲の四男の北条菊寿丸、つまり後の北条幻庵宗哲の活躍が顕著である。菊寿丸については第一章第二節の「その後の北条早雲の動き」で初期のことは述べたが、ここでは相模国に関して、その軌跡と活躍を紹介しておこう。

宗哲は若くして大永二年（一五二二）頃に、近江国三井寺（滋賀県大津市の園城寺）上光院に入寺し、同四年春に得度した。相模国に帰国して箱根権現（箱根町の箱根神社）の別当に就任し、天文八年頃まで同職を務めた。宗哲の発給文書は現在、同十二年六月から二五通が確認されている。菊寿丸の見える初見は、三井寺に入寺する三年前の永正十六年（一五一九）四月の北条早雲知行注文で、父早雲から譲渡された菊寿丸個人への別当分の堪忍分（臨時の知行分）として二四八貫文、菊寿丸個人の知行分として一二五三貫文、家臣の岡田・心妙院・新田《しんでん》・大草・鈴木・鈴木源四郎の知行分として一〇八八貫文、ほかに上総国二宮荘（千葉県茂原市）で一〇〇〇貫文、早雲譲りの郷村分として九三五貫文、総計四四六五貫文の知行分を譲渡された。

この知行注文には、郷村別に知行貫高が書かれている。相模国では松田庶子（松田町）、東福寺（箱根町）、小田原城下の宿場の屋敷銭と地子銭、片浦・早川・下堀・久野・穴部・井細田・鬼柳（ともに小田原市）、上吉沢・長持（ともに平塚市）、菱沼・高田・茅ヶ崎（ともに茅ヶ崎市）、白根・小安・富岡（ともに伊勢原市）、星谷（座間市）、依知郷・船子・金田・飯山（ともに厚木市）、小袋谷（鎌倉市）が見られ、当時の北条早雲の支配地が相模国南部にしか及んでいないことを示している。菊寿丸の知行に小田原城下の屋敷銭と地子銭が入っているのは、兄の氏綱は小田原城主であるが、城下の管理は弟の菊寿丸に任されていたためと言われている（『小田原市史通史編』）。

**箱根権現**　箱根町元箱根

この文書には北条菊寿丸の知行分の郷村の代官を務めた岡田・新田・鈴木・鈴木源四郎が見えている。彼らの内で軌跡の判明する岡田氏を紹介しておこう。岡田氏は岡田宗遁が北条早雲の家臣となり、菊寿丸に配属された。松田町松田庶子で知行六二貫文を拝領した。大永六年九月には相模国西郡飯積（小田原市）の福田寺分の検地書出に、岡田宗遁が検地奉行として署名した。天文元年からは、北条氏綱に仕えて鶴岡八幡宮の造営工事に参加し、同三年二月には造営奉行七人の一人として活躍した。その一人には大草丹後守も見える。同十二年十月の相模国中郡坂間郷（平塚市根坂間）高麗寺分の検地には、五人の検地奉行の一人として「岡田宗遁」と署名している。北条氏康の時代である。北条宗哲は歌人や文筆家としても著名で、連歌師の宗長や歌人の高井堯慶や絵師の興悦、刀鍛冶の綱家とも交流した。特に筆が得意で、年未詳十二月の北条幻庵覚書は名高い。宗哲の娘鶴松院が北条氏康の養女となり、北条氏の客将である武蔵国蒔田城（横浜市南区）の吉良氏朝に嫁ぐ時に、鶴松院に与えた心得書で、流麗な平仮名書体で書かれている。江戸期には、この幻庵覚書は、武家娘に文字の練習帳として広く使われたのである。

## 第二節　『小田原衆所領役帳』の世界

### 武田信玄・今川義元と北条氏康との三国同盟

天文十九年（一五五〇）になると、北条氏康の支配範囲は武蔵国北部から上野国（群馬県）方面に拡張されていった。氏康は同年二月に、同国の山内上杉方の国衆の高山氏知行内の郷村を用土《ようど》業国《なりくに》に宛行った。八月には氏康は、武蔵国岩付城の太田氏資（正室は氏康の娘）に同国松山城の弟左衛門五郎を人質に差し出させ、もしも渋るなら、山内上杉憲政への上野国での作戦に影響すると告げた。十一月には氏康が上野国平井城（群馬県藤岡市）の上杉憲政を攻めたが攻略できなかった。松山城が上野国への出撃の拠点となり、年末には氏康は狩野介・蜷川某・

高橋郷左衛門尉に厳しく、同城の防備を命じている。この年内には氏康が平井城を攻略し、山内上杉憲政は城を落って同国白井城（群馬県渋川市）に逃げ込んでいる。翌二十年冬には氏康が、上野国国衆の小幡・高山・那波氏らと再び山内上杉憲政を攻めた。

天文二十二年（一五五三）四月には、後奈良天皇が北条氏康・今川義元・武田信玄に大和国（奈良県）東大寺の大仏殿を修築する費用の奉加を依頼する。当文書には「北条左京大夫」とあり、それ以前には氏康が朝廷から「左京大夫・従五位下」に任命されていたとわかる。伊豆・相模・武蔵・上野四か国の大名と認められての結果である。五月には、伊勢神宮の神主渡会備彦が同神社遷宮式の費用奉加を氏康に依頼してきた。近畿方面でも、関東の戦国大名になった北条氏康の価値を認めている。この月には氏康は、房総で北条方の真理谷武田氏を攻める里見氏を攻め、内房正木氏が氏康に従属した。

天文二十三年に入ると、再び房総方面に里見氏との戦乱が起こった。正月末には、北条氏康が三浦郡の浦賀城（横須賀市）に入り、房総方面への出陣に備えた。二月末には氏康が上総国天神山城（千葉県富津市海良）の正木時治が支配する峰上城（富津市上後）尾崎曲輪の在城衆と吉原玄蕃助に兵糧米を送り、援助した。続いて南方の金谷城（富津市金谷）の敵対する里見実堯を海上から攻撃した。里見方の内房正木兵部大輔が里見氏を離反して、北条氏に従属してきた。

同年三月初旬には、北条氏康が反転して駿河国駿東郡・富士郡に侵攻し、賀島・柳島（静岡県富士市）で今川義元と援軍の武田信玄と合戦に及んだ。その後は、義元と和睦して駿河方面の戦乱は治まり、七月中旬には義元の嫡男氏真と氏康の娘早河殿との婚約が整った。北条氏と武田・今川の三者が同盟して相甲駿三国同盟が締結された。

## 小田原城の官僚組織

相甲駿三国同盟の成立で、北条氏康の領国は西からの強敵の侵攻を受けずにすむこととなった。相模国には平穏な状況が訪れたのである。氏康は天文十九年（一五五〇）四月には、郷村の諸税は年貢の他には反銭・懸銭・棟別銭と城米銭（城兵の費用に使う税）の四種しか賦課しないと決め、従来からの雑税を廃止とする税制改革を断行した。これで田畠への諸税賦課基準は確定した。このような背景から、小田原城の武士たちの業務の責任分担も明確化していったと思われる。小田原城の官僚組織の確立である。この税制改革の通達状には、諸税の納入先が明記されており、そこには担当奉行がいて、執務していたと想像させる。小田原城の担当奉行の人々は、『小田原衆所領役帳』には御馬廻衆や小田原衆という、小田原城の当主の側近家臣が、その多くを占めていた。

しかし、何れにせよ、天文十九年の税制改革や同二十三年の相甲駿三国同盟の締結などの結果、小田原城と各支城の官僚組織が整備され、確立されていったことは、北条氏が強大な戦国大名に成長していった証と言えるであろう。

ここで、小田原城の奉行筆頭の安藤良整を紹介しておこう。

〔北条氏の家臣団組織図〕

小田原城
- 宿老
- 評定衆——担当奉行（家財奉行など）
- 奉行衆——郡代
- 小田原衆——奉行（検地奉行・反銭奉行など）
- 一族衆（支城主）——奉行・代官——侍——名主——百姓
- 玉縄衆・鎌倉代官——小代官
- 他国衆（支城主）——奉行・代官——侍——名主——百姓
- 職人衆——職人頭——奉行——手代——職人
- 寺社奉行——寺社
- 直轄
  - 本城奉行衆——家財奉行など——支城衆——奉行・代官——侍
  - 御馬廻衆——奉行・代官（御領所）——代官・小代官——名主——百姓
  - 侍大将——軍奉行——槍奉行・兵糧奉行・鉄砲奉行など

安藤良整《りょうせい》は、入道名を良整と称し、実名は未詳である。小田原城の御蔵奉行を務めた重臣であるが、不思議と実名は史料に登場していない。出身は室町幕府の申次衆（将軍への来訪者を取り次ぐ係）を務めた安藤政藤の一族と推定されるが、確証はない。もしも、そうだとすれば、北条早雲と申次衆の同僚であったということになる。天文二十三年（一五五四）七月に北条家朱印状の奉者に見える安藤清広の父親と思われ、受領は豊前守を称した。北条氏の公定升である安藤升（別名は榛原《はいばら》升）の制定者として知られている。『小田原衆所領役帳』の制作担当奉行も務めた。小田原城の金銭出納奉行であり、それに関して二四通の北条家朱印状の奉者として登場している。小田原城の人足奉行と相模国西郡の懸銭担当奉行も務めており、多忙であった。

小田原城下の誓願寺は、永禄六年（一五六三）四月に安藤良整が建立した寺院で、本尊は北条氏康室の助力で作仏されたという。安藤氏の菩提寺は相模国金子（大井町）の最明寺である。氏康が元亀二年（一五七一）十月に死去すると同時に隠居し、豊前入道と称した。家督を嫡男清広に譲渡した。良整は隠居後も北条家朱印状の奉者を務め、小田原合戦の寸前まで文書に見られ、人足奉行を務めていた。氏康・氏政・氏直に仕えた宿老である。

### 小田原衆と御馬廻衆

小田原城の官僚組織が確立するに当たっては、小田原城の武士たちの構成がどのようなものであったか、述べておく必要があろう。『小田原衆所領役帳』には、小田原衆と御馬廻衆の記載がある。小田原衆は松田憲秀を筆頭に、合計三四人。御馬廻衆は山角康定を筆頭とする集団と、石巻家貞を筆頭とする集団の二集団が見える。山角康定を筆頭とする集団には一六人、石巻家貞を筆頭とする集団には七六人の武士が見える。

小田原衆は、相模国西郡の郷村を本拠とする者と伊豆国を本拠とする者が多い。北条早雲が伊豆国から相模国に侵攻し、小田原城を攻略した後に同城に配置された古参家臣の集団と思われる。御馬廻衆も北条氏綱の頃に成立した武士集団で、当主の側近衆と思われる。山角康定の集団は、北条為昌の旧家臣であろう。「北条彦九郎殿御知行役帳」と松田助六郎の項に記され、北条彦九郎殿は為昌のことである。石巻家貞を筆頭とする集団は、西郡郡代を務めた家貞の陪臣（家臣の家臣）と想定される。

彼らが当主の側近家臣であったことを示すには、小田原衆・御馬廻衆ともに、その実名を見ると一目瞭然に判明する。実名のわかる者は三〇人ほどであるが、南条綱良・藤田綱高は北条氏綱の、松田康定・松田康隆・松田康長・板部岡康雄・布施康朝・布施康能・遠山康光・山角康定・笠原康明・石巻康敬《やすまさ》・石巻康保《やすもり》・大草康盛・庄康正は北条氏康の、伊東政世・岡本政秀・間宮政光は北条氏政のそれぞれ一字を拝領した者たちである。一字を拝領した者は、間違いなくその当主の側近家臣であり、小田原城で何らかの役職を務めていた奉行衆で、官僚機構の担い手であった。

『小田原衆所領役帳』御馬廻衆の末尾には、彼らは「前々より一切役致さず間、今後もその分たるべし」と注記されている。つまり、以前から人足役や普請役を賦課されない人たちで、今後も役をかけない、としている。小田原城で何らかの奉行としての職域を務めていたから、そのほかの役は免除されていたと思われる。古文書などで判明している彼らの役職は、主に北条家朱印状の奉者が多いが、大草康盛は台所奉行、岡本政秀は門松奉行を務めていた。

これらの中から石巻家貞配下の御馬廻衆で、門松奉行の岡本政秀について紹介したい。東京大学の史料編纂所には「岡本家古文書写」という文書写が所蔵されており、政秀の詳しい軌跡が判明している。政秀は通称を八郎左衛門尉、のち官途を越前守と称した。北条氏康・氏政・氏直に仕えた当主の側近家臣である。天文二十三年（一五五四）十二月の北条家朱印状に初見し、父平八の時の如く門松の松に関する規定を氏康から受けており、父と同様、若くして門松奉行であった。知行地は相模国東郡の吉岡郷（綾瀬市）で、五九貫文を知行している。永禄七年十二月には、氏政は政秀に正月の松飾りの松については、毎年の如く郷村に催促させている。元亀二年（一五七一）七月には政秀の軍役着到（軍勢の動員リスト）が確定し、吉岡郷五九貫文の軍役は、本人は騎馬で馬鎧を着けた馬に乗り、足軽四人・小者二人、小田原城から支給された扶持給（臨時の知行分で、知行分を銭で支給する）二九貫文の軍役は徒歩侍四人と足軽四人の合計一五人を引率させた。翌三年五月には、小田原城下の掃除奉行を命じられた。天正九年（一五八一）八月には伊豆国戸倉城（静岡県清水町）の普請奉行を命じられ、その後は津久井城（相模原市緑区）や新城（山北町）の普請奉行も務めている。城普請に優れた腕を持っていたとわかる。このように、下級武士の岡本政秀でも、いくつもの奉行を務めており、重複して門松奉行は家職として最後まで務めたのである。もちろんのこと、合戦には当主の側近衆として一五人の家臣を指揮して出陣し、戦場で戦っていった。御馬廻衆の武士の典型的な例である。

台所奉行の久保孫兵衛は、同僚の内村神三郎とともに大草康盛に配属されていた。康盛は台所奉行の統括者であった。彼らは小田原城に納入される食材や物品の受入れ責任者で、費用の支払いも職務としていた。久保孫兵衛は、『小田原衆所領役帳』〈御家中衆〉の南条昌治の同心（家臣）として、矢作《やはぎ》（三浦市）で知行は一六貫文と見える。翌三年六月には精銭奉行として登場する。内村神三郎は、『小田原衆所領役帳』では御馬廻衆に属し、相模国東郡上和田・公田（ともに大和市）を知行し、知行高は二二貫文である。天正八年五月には、伊豆国網代（静岡県熱海市）に鯛六〇枚とスルメ五〇〇枚を注文し、小田原城の内村神三郎と久保孫兵衛に納入せよと命じた。同十三年八月には相模国須賀湊（平塚市）に大鯛二〇枚を賦課した。これは明日の晩までに納入せよとの条件付きの命令で、代金は内村氏から受け取れとある。同十五年四月には、北条氏直が明日の宴会のために、布施康朝と久保・内村両氏に台所の掟を守ることと命じた。

布施康朝は宴会の食材担当奉行と推定される。戦国大名の台所事情が、かなり明確に理解されよう。

### 軍役と普請役

軍役は戦国大名の家臣らが、主君への御奉公として賦課されたもので、出陣に際して引率する家臣団の軍勢数を知行高で割り出して決められていた。前項で述べた岡本政秀の元亀二年（一五七一）七月の北条氏の着到状によれば、政秀の個人の知行地は相模国東郡吉岡郷で、知行高は五九貫文であった。それに対して軍役が賦課されており、足軽四人・小者二人・騎馬一人の七人を引率する義務を負った。さらに岡本政秀には、小田原城から支給される扶持給で二九貫六〇〇文が追加された。そこには一騎合衆《いっきあいしゅう》と呼ばれた五貫文の武士一人と二貫四〇〇文の足軽一人で構成される武士団が四組と規定された。武士四人は徒歩侍で、兜に前立、具足と手蓋を装着し、名前は武庄左衛門尉・鈴木半右衛門・杉山惣次郎・大庭弥七郎の四人である。従う足軽四人は、各々長槍を携行した。以上、知行高の合計八八貫六〇〇文の軍役は、騎馬武者（岡本政秀自身）一人・徒歩侍四人・足軽八人・小者二人の総勢一五人と確定した。

この、岡本氏の如く、家臣たちの軍役は詳細に決められていた。もしも、出陣の際に引率する員数が不足したり、携行する武器や軍装に不備があれば厳しく罰せられた。ただ、面白いのは、小田原城から付けられた一騎合衆の存在である。徒歩侍一人に足軽一人の二人一組の構成であるが、徒歩侍一人の計算値が五貫文、足軽一人は二貫四〇〇文と見えることである。侍一人の貫高が五貫文とは、水田一反が五〇〇文の計算にすると、五貫文＝五〇〇〇文であるから、水田一〇反分（＝一町）となる。水田一町歩を耕作する規模の武家から徒歩侍が一人の割りで出軍したと想定できる。足軽は一人二貫四〇〇文で計算されたから、約五反歩の耕作武士となる。徒歩侍の半分の計算であった。

これに対して、出陣する家臣には、全員に普請役が賦課されており、必ず鍬と鶴嘴・もっこ（土を運ぶ籠）を携行させた。陣場や城の構築、道や川の整備に、武士たちも働かされたのである。鶴嘴は高級な土木用具であり、騎馬武者が携行する決まりであったらしい。

ここで、城の修築工事の例を永禄六年（一五六三）六月の相模国玉縄城の塀の修築で見ておこう。戦国時代の関東の城郭構造がよくわかる貴重な例である。同国田名郷(相模原市中央区)の農民と代官に宛てた、郷高八〇貫文の神尾善四郎の知行分の普請役の規定である。玉縄城の塀五間分を、一間(一・八メートル)四人で仕上げる義務を負っていた。塀の部材も用意させられ、塀五間分では、男柱が五本、小尺木は一五本、間渡しの竹一〇本、大和竹二〇束、縄三〇房、萱二〇把、素俵三〇把が必要であった。この材料費は、今年の田名郷の懸銭から差し引いて良いとされた。小田原城の例では、永禄九年から小田原の役までの二五年間で、通算二〇回も普請人足が徴用されており、永禄九年六月の普請では、総員一二二五人を使役していた。一回の使役人足数は平均一〇〇〇人を超えていたと思われる。

## 第三節　北条氏康の息子衆たち

### 北条氏照と大石氏

天文年間（一五三二〜五五）の末には、北条氏康の領国は伊豆・相模・武蔵・上野の四か国に拡大し、宿敵の扇谷上杉氏は滅亡、山内上杉氏は越後国の上杉謙信を頼って関東を去り、房総方面に領国を持つ里見氏との抗争のみを継続させていた。天文二十三年（一五五四）十月初旬には、抵抗を続けた古河公方の足利晴氏を古河城に攻め、降伏した晴氏を相模国秦野（秦野市）に幽閉し、古河公方家の権力を氏康が吸収することに成功した。氏康の姉妹の芳春院殿と晴氏との間の子義氏を古河公方に据えて、古河公方の権力を傀儡化させ、もはや、何事も北条氏康の了承無くしては、決定出来ないこととなった。晴氏の文書は同年十一月に相模国大磯（大磯町）地福寺に寺領を寄進した文書が最後となった。この月には甲斐国の武田信玄の娘黄梅院殿が、北条氏政との婚儀のために相模国に向かい、送迎の警護奉行として遠山綱景・桑原盛正・松田盛秀が国境の上野原（山梨県上野原市）に出向いた。婚儀は翌年正月に小田原城で行われた。武田方の供侍は一万人を超えたという。

弘治元年（一五五五）三月には、北条氏康は北関東の大名である佐竹義昭と断絶し、結城政勝との同盟を強化した。この交渉に活躍したのが玉縄城主の北条綱成であった。この年の夏に結城政勝が小田原城に参府して、武蔵国南部の国衆の大石綱周と会合し、綱周の後継者問題を協議した。想像ではあるが、氏康の三男藤菊丸（のちの氏照）の大石家への養子縁組の交渉であろう。

弘治元年十一月に古河公方の足利梅千代王丸が、北条領の下総国葛西城（東京都葛飾区）で元服し義氏と名乗る。後見役の氏康が加冠親（元服式で烏帽子をつける役）を務めた。この元服式には、北条藤菊丸が出席しており、十六歳の藤菊丸が、既に古河公方義氏の後見役を北条氏康から引き継ぐ予定であったと知る。この式典の記事が北条氏照の初見史料であり、次の登場は翌二年五月の相模国座間郷（座間市）の鈴鹿明神社の再建棟札で「大旦那北条藤菊丸」とある。氏照の初期知行地が座間郷にあったとわかる。この地は国衆で氏康に従属した大石綱周の支配範囲である由井領の一部であった。『小田原衆所領役帳』〈他国衆〉に、綱周の知行地である由井領の記載があり、武蔵国久良岐郡富部（横浜市西区戸部）・小山田庄小野地（東京都

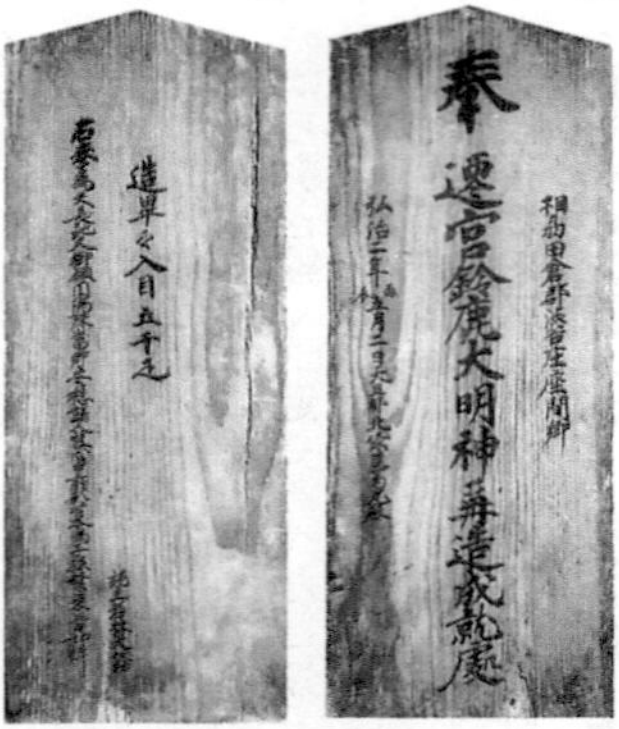


鈴鹿明神社棟札　座間市入谷・鈴鹿明神社蔵　座間市教育委員会提供

町田市）・相模国東郡溝上下（相模原市中央区上溝・南区下溝）・東郡座間（座間市）・東郡粟飯原（相模原市緑区相原）・東郡落合（綾瀬市深谷）などが見える。綱周は武蔵国多摩郡の国衆で、居城地は由井城（東京都八王子市）であるが、父親の大石道俊の頃から、主君の山内上杉憲政を離反して北条氏綱に従属したため、相模国の知行地を安堵されていたと思われる。道俊の嫡男綱周は氏康からも信頼された国衆であった。男子のない綱周の要請で、その娘比佐の婿に藤菊丸を迎えて家督を相続させた。綱周は初めは「大石源三憲重」と名乗ったが、のち綱周と改名した。綱周の綱は、北条氏綱からの一字拝領である。このため、養子の藤菊丸も、最初は「大石源三氏照」と名乗った。

いままで述べてきたように、北条氏康の息子たちがそろそろ史料に登場してくるようになった。氏康には嫡男新九郎のほかに、氏政・氏照・氏邦・氏規・景虎・氏忠（養子）・氏光（養子）の男子八人がいた。嫡男新九郎は夭折したため、氏政が家督を継いで、第四代当主となった。娘は早河殿・七曲殿・種徳寺殿・高林院・長林院・浄光院殿の六人がいた。男子は成人になると、関東中の国衆の娘婿となり、ついで家督を相続して支城の城主として活躍した。北条氏照は大石綱周、氏邦は藤田泰邦、景虎は上杉謙信、氏忠は佐野宗綱と各地の国衆の娘婿となった。その先陣を拝したのが、氏照であった。

北条氏照は、『小田原衆所領役帳』には登場しないが、他国衆として大石綱周が由井領の知行主として記載されている。綱周には嫡男がおらず、娘の比佐がいた。永禄二年（一五五九）十一月以前には、氏照が綱周の娘婿として、綱周の居城の由井城に入城した。綱周の養子となり、同四年三月には「大石源三氏照」と署名した書状を甲斐国上野原城主の加藤駿河守に出すにいたった。綱周は弘治元年には隠居したと思われ、古文書から名前が消えている。

この後、北条姓に戻った氏照は、由井城から滝山城（八王子市）に居城を移し、氏康を補佐して領国支配の重鎮として大活躍していく。

**北条氏規**

北条氏康の五男の北条氏規も紹介しておこう。氏照の文書は現在二七二通、氏規は八三通が確認されている。

北条氏規は官途を左馬助、のち受領を美濃守と称し、相模国三崎城（三浦市）城主と伊豆国韮山城（静岡県伊豆の国市）城将（城主にかわって城兵を指揮する人）も兼務した。天文二十三年（一五五四）の相甲駿三国同盟の締結で、人質として今川義元の駿府城（静岡県静岡市葵区）に送られた。駿府城下の屋敷で幼年時代を過ごし、隣家に人質としていた徳川家康と親しくなった。永禄七年には小田原城に帰国しており、翌八年正月から「真実」と読める朱印状を伊豆国に発給している。氏規文書の初見である。

永禄十年二月には、相模国三浦郡公郷（横須賀市公郷の内の田津）の武士である永島正氏に、魚網の「葛網《かづらあみ》」（大型の網を用いて行われた漁法）の使用について規定した。この文書が三浦郡内へ発給された初見文書であることから、同九年頃に三崎城の城主（城の軍勢の総責任者で知行宛行いや軍勢催促も行う人）に就任し、北条氏康から支城支配の権限を譲渡されて、城領支配を開始したものと推定される。元亀三年（一五七二）閏正月からは韮山城領に氏規朱印状が発給され、この頃には韮山城将も兼務していた。また、氏規は三浦水軍の統率者として東京湾の海上防衛にも活躍し、三崎水軍を指揮して房総方面の侵攻作戦の主力となった。外交面では徳川家康との交渉に活躍し、家康娘の督姫と北条氏直の婚姻にも尽力している。小田原合戦の後は豊臣秀吉、次いで徳川家康に仕えて外様大名として河内国（大阪府）で一万石を拝領し、子孫は江戸期を生き抜いた。氏規については九九頁にも詳しく述べたのでお読みいただきたい。

北条氏規の朱印状には、奉者として南条昌治がしばしば登場している。昌治は氏規の重臣で、三崎城の官僚機構の一員であった。

南条昌治は玉縄城主の北条為昌に仕え、為昌の昌の一字を拝領した側近家臣であった。天文十一年に為昌が死去すると北条氏康の三浦郡支配で活躍した。昌治は『小田原衆所領役帳』〈本光院殿（北条為昌）衆〉に見られ、氏康の陪臣になる昌治の寄子（自己の家臣）には矢野彦六・杉山彦五郎・伊東与九郎・幸田源左衛門・近藤孫三郎・佐野藤左衛門・行谷藤五郎・久保孫兵衛の八人が付けられていた。久保孫兵衛については第二節の「小田原衆と御馬廻衆」の項で紹介した。南条昌治は永禄七年に北条氏規が駿河国から帰国すると、氏規に配属されて伊豆国支配に関わり、同十年からは三浦郡代として三崎城の三浦郡支配を遂行した。元亀三年九月には氏規によって三崎城に隣接する法満寺内の昌治屋敷は、同城の曲輪（城の一区画を形成する防御設備）として取り入れられた。氏規の家老職も務め、天正十六年（一五八八）に氏規が上野国館林城（群馬県館林市）の城代（城兵の総責任者であるが知行宛行権や軍勢催促権は持たない）に就任すると、昌治は同城の城将に任命された。昌治は旧主君の北条為昌の菩提者（菩提を弔う人）としても文書に散見している。

### 伝馬制度の発達

小田原城から発給された虎朱印状は一一〇〇通が確認されている。その中で文書の取次役である「奉者」の見えるものは、北条氏康の時代の末期になる天文二十二年（一五五三）から急激に増えだしている。これは、小田原城内での官僚機構が整備され、その結果として各種部局の担当奉行の職掌が明確になっていった結果と思われる。伊豆・相模・武蔵・上野四か国を領有する戦国大名に成長した北条氏康が、小田原城を中心として各支城を支配するための方策であった。その方策の第一に挙げられるのが、氏康の時代の永禄元年（一五五八）から開始されたという伝馬制度の確立である。伝馬とは、宿場の馬に荷物を運ばせ、宿場から宿場に転送する交通政策である。原則的には人は乗せなかった。そのため、宿場には常に馬と口取り人足（馬子）を用意させる必要があった。

諸国の戦国大名でも北条氏の伝馬制度は、確立が一番に早く、伝馬の言葉の初見は北条氏綱の時代になる大永四年（一五二四）四月の北条家制札に、当麻宿に宛て伝馬を用意させている。しかし、この文書から以後は、伝馬制度の確立を知らせる伝馬手形の発給となる永禄元年閏六月まで見られない。伝馬手形は、伝馬を使役する者に与えた使役許可書で、使役の年月日、私用か公用かを明記し、仕立てる馬の数と、使用賃金の支払いか否かのこと、宛所には使役する区間の宿場地名を記載し、年月日の所に「常調」と読める印文の上郭に馬の形像を配した大型朱印を捺印している。その下部には、担当の奉者が書かれている。一種の通行手形である。現在、五七通が確認されている。その内の小田原城から相模国内の宿場宛は一三通である。

永禄十年七月の伝馬手形では、金沢（横浜市金沢区）から三浦郡浦賀（横須賀市）まで銀鍛治職人の荷物を運ばせており、公用なのに無賃ではない。奉者は見えない。この時には浦賀城で大型の軍船を建造しており、そのための職人招集であった。同一二年七月には、大磯（大磯町）から小田原城まで鋳物の鋳型に使う大磯の砂を搬入させた。公用のために一里で一文の使役料は免除されている。奉者は万阿弥。当時の関東の一里は六町一里で、一里は六〇〇メートルほどである。天正元年（一五七三）十二月には相模国中郡煤ヶ谷（清川村）から小田原城まで伝馬一三疋で炭五〇俵を運ばせた。奉者は江雲。馬一頭で炭四俵運送の計算となる。同十一年十二月には、厚木（厚木市）から小田原城まで煤ヶ谷からの炭を中継して運ばせている。津久井や丹沢の山林は北条氏が小田原城で使用する暖房用の、貴重な炭の供給源であった。ここで問題は当時の厚木宿の位置付けである。天正十六年九月の北条家朱印状では、田名（相模原市中央区）・厚木・田村（平塚市）には相模川を下る筏を扱う筏士がおり、相模川の各支流から集まる木材を筏に組んで、河口の須賀湊（平塚市）

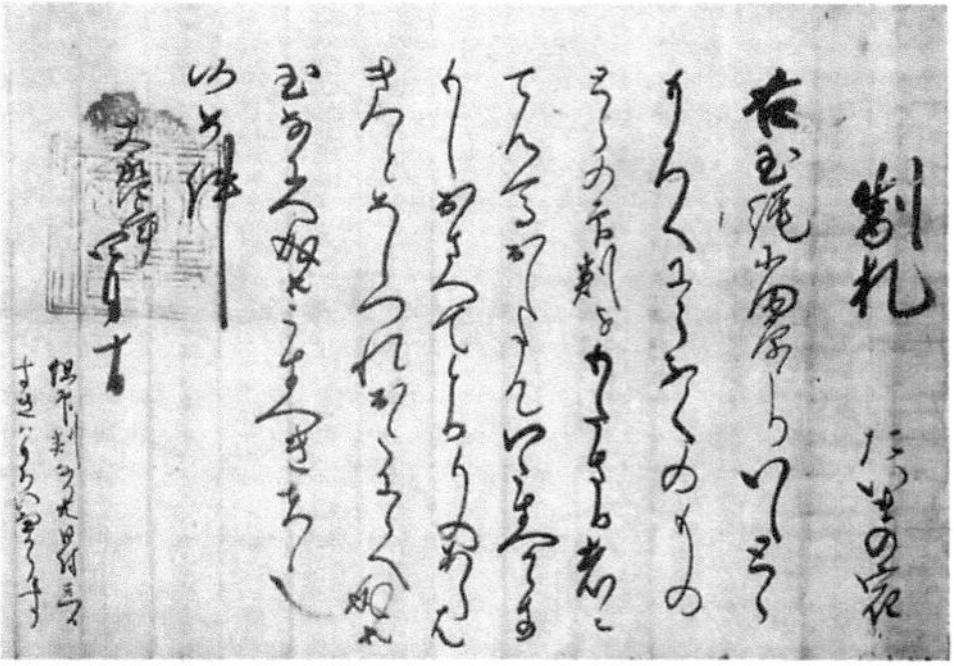


**北条家制札**　大永4年4月　関山典弘氏蔵　神奈川県立歴史博物館提供

に流下する川湊であった。煤ヶ谷から厚木までは小鮎川で結ばれていた。厚木には川湊の設備が整い、各支流の川船で運ぶ物品が集積したのである。煤ヶ谷で焼かれた炭は、川船で厚木に運ばれて伝馬に積み替えられ、小田原城に向かったものと想像できる。

天正十五年九月には、小田原城下の鋳物師の山田氏へ鉄砲製作の御用として大磯の川砂三五駄分を伝馬で運ばせた。鋳型の製作用であろう。鉄砲は鋳物ではなく鍛造品であるから、この鉄砲は鋳物製の大筒(抱え筒)と思われる。

## 第四節　隠居後の北条氏康

### 小田原城の二当主体制

永禄元年(一五五八)閏六月に伝馬手形が、初めて発給された。その日には北条氏康は、上野国安中城(群馬県安中市)の安中重繁に、同国岩櫃《いわびつ》城(群馬県東吾妻町)を攻めるために出馬すると伝え、重繁にも参陣を要請した。七月には越後国に逃亡した前の関東管領の山内上杉憲政が、上杉謙信に擁護されて関東への越山を計画し、上野国に侵攻する気配を見せていた。

十月には氏康の嫡男氏政が相模国二宮（二宮町）に禁制を掲げ、十一月初旬には、北条氏政は武蔵国河越城（埼玉県川越市）の守備を山角定勝らに命じ、蕪木刑部大輔を加勢として送った。上杉勢の侵攻に対する防衛策で、北条氏政が氏康の代わりに、当主代行を務め始めたとわかる。この年には上杉勢の関東越山の噂が作用したのか、上野国沼田城（群馬県沼田市）城主の沼田氏に内訌（うちわもめ）が起こり、氏康が介入して沼田弥七郎を支援したが死没したため、翌年八月に北条綱成の子の康元に家督を継がせ、沼田城将とした。ここに氏康の上野国支配が飛躍的に進捗していった。

永禄二年十月には、北条氏康が上野国岩櫃領と嶽山領（群馬県中之条町）の農民たちに、郷村から逃亡しても村に帰り耕作に専念させる。十一月中旬には、氏康は小田原城から上野国倉内（群馬県沼田市）まで伝馬の使役を沼田康元に許可する。この月末には、相模国では北条氏政が小田原城下の板橋の香林寺に棟別銭の免除、寺領の安堵を命じている。氏康と氏政との小田原城での二元政治の始まりがうかがわれる。十二月二十三日には、氏康が隠居して「本城様」と呼ばれ、氏政が家督を継いで第四代当主に就任した。しかし、氏康はまだ若い氏政を補佐する必要から、小田原城内で政務を続けた。二元政治の開始である。

永禄三年に入ると、二月十日には上野国金山城（群馬県太田市）の由良成繁が北条氏に従属してきた。由良氏は上野国を代表する国衆で、その従属は北条氏の上野支配に大いなる進展を与えた。もと横瀬氏を名乗った由良成繁・国繁父子は京都の将軍からも、上野国の国衆では一番に忠節を尽くしている奉公衆と認められており、成繁は将軍足利義輝から御供衆として扱われていた。そのことは上杉謙信もよく理解しており、由良成繁・国繁父子に対しては北条氏康に与した後も、交渉を続けているという、特殊な関係を持っていた。

この頃の関東周辺の状況を述べておこう。四月中旬、上杉憲政が長尾政景に、上杉謙信が越中国（富山県）攻めから越後国に帰国するので、関東への越山を要請したと伝えた。いよいよ謙信の関東攻めが現実的に動き始めた。翌月には尾張国（愛知県）に侵攻した今川義元が、織田信長の奇襲を受けて桶狭間で討ち死にし、家督は嫡男氏真が相続した。義元の国衆であった徳川家康が自立し、今川氏と絶縁して織田信長と同盟する展開となる。北条氏康・氏政父子は、今川氏真との同盟を維持する立場を固持していった。武田信玄とも同盟は継続中であった。

### 上杉謙信の小田原攻め

上杉謙信の関東侵攻は、武蔵国南西部への侵攻で始まった。永禄四年（一五六一）初頭には、多摩郡南西部の勝沼城（東京都青梅市）に本拠を据える国衆の三田綱定と、その家臣の毛呂・岡部・平山・師岡・賀沼の諸氏も北条氏政を離反して謙信に従属していた。勝沼衆の離反は氏政にとっては、手痛い打撃であった。そのうえ、この年の武蔵国・相模国は飢饉に見舞われており、郷村の武士や農民の抵抗力は、かなり弱体化していた。その弱り目をついて、謙信の小田原攻めが行われた。謙信の攻撃作戦は、北条領の中でも抵抗力の希薄な武蔵国南西部を通過して、相模国中央部の相模川沿いの相模中央道を南下して小田原城を直撃する。その後は、里見氏の侵攻している鎌倉から江戸方面を通行して上野国方面に撤収する作戦であった。しかし、反対に武蔵国南西部での強敵として、由井城（東京都八王子市）には北条氏照があり、相模国北端部の津久井城（相模原市緑区）には内藤康行もいた。また、甲斐国の武田信玄も氏政に加勢を送って、相模国中央部へ出陣してくる危険性はあった。

永禄四年正月中旬に由井城の北条氏照は、近くの国衆の小田野周定に在郷の武士たちを集めて上杉勢を防ぎ、忠節をつくせば、恩賞は望みの如くと約束した。上杉謙信が武蔵国南西部に侵攻することは、早くも察知されていたのである。また、逆方向の武蔵国南東部の品川郷（東京都品川区）には、二月五日に北条氏政の宿老である大草加賀入道・山中康豊・伊東佑尚・石巻康保・南条飛騨入道の五人が連署した禁制が出されており、里見義弘の軍勢の侵攻に対処した形跡が残っている。彼ら五人の軍勢が品川方面に駐屯していた証拠となる。北条勢が二方面作戦を強いられていたとわかろう。

同年二月六日に、北条氏政は相模国津久井料の千木良（相模原市緑区）善勝寺に上杉謙信との戦いへの勝利を祈願させた。その祈念奉行と僧侶の加用衆（配膳係）に板部岡融成《ゆうせい》・石巻康敬・

朝倉因幡守を任命した。この月二十二日には謙信が、武蔵国松山城（埼玉県吉見町）に着陣してきた。二十五日に北条氏康は、武蔵国蒔田城（横浜市南区）の吉良頼康・氏朝父子に、謙信の侵攻が真近なため、三浦郡浦賀城に避難させる計画を変更し、同城には里見勢への防備のために北条勢を籠めることとし、吉良父子は玉縄城に避難させると通達した。二十七日には、謙信が鶴岡八幡宮に戦勝祈願の願文を掲げ、近日中には小田原城に進撃すると予告した。さらに翌日に北条氏政は鎌倉の円覚寺に、里見勢の鎌倉乱入で人々が寺域に逃げ込み、もしも乱暴行為をしたなら、玉縄城の北条康成に申告させ、手に余るなら小田原城に拘引せよと命じた。この月には、謙信が武相国境の小仏関（東京都八王子市）や相模国比企谷（鎌倉市）に制札を掲げ、上杉勢の乱暴狼藉を禁止させた。また、この月には北条氏康が、箱根権現（箱根町の箱根神社）別当の融山に、謙信の侵攻に対処したいが、北条綱成と主な家臣団は房総方面に出陣しており、小田原城の手元には軍勢が少なく籠城していると嘆き、戦いに勝利する方法を融山に問い合わせていた。二月末には謙信は一二万人の大軍を率いて松山城を出陣し、武蔵国南西部を通過して相模川沿いに相模国に侵攻してきた。

永禄四年三月三日、武蔵国由井城の北条氏照は、上杉謙信の相模国への侵攻に対して甲斐国の武田信玄に加勢を依頼した。武田方の相甲国境の上野原城（山梨県上野原市）の加藤虎景に、上杉謙信は相模川沿いの相模中央道に侵攻し、相模国当麻宿（相模原市南区）に着陣したと報告。虎景から信玄に、約束通り加勢を出させ相模国千木良口に着陣してほしいと重ねて依頼した。この状況を見ると、臼井領や津久井料はやすやすと上杉勢に突破されていることがわかる。八日に北条氏政は、相模国大山（伊勢原市）の大山寺に謙信が相模中筋に侵攻したため、大山の山伏は大山の防衛に専念し、兵糧米は上杉勢の手の届かない所に隠させた。

同じ月八日には、玉縄城の北条康成が家臣の佐枝治部左衛門に、鎌倉腰越浦に里見勢が上陸した時の合戦での忠節を認め、感状を与えた。翌九日には里見義弘が水軍を率いて鎌倉に上陸し、鎌倉は陥落した。

同年三月十日には、武田信玄の加勢として加藤虎忠が由井城に、跡部長与が小田原城に到着した。十二日には北条氏康が、由井領の小田野源太郎に、上杉勢の首を津久井城に持参した忠節を褒めた。氏康はこの時には津久井城にいたのか。十三日には北条氏政が、相模国風祭（小田原市）法泉寺に北条勢の乱暴狼藉を禁止させた。十四日に氏政は足軽大将の大藤政信に、相模国大槻（秦野市）の合戦での忠節を認めて感状を与える。二十四日には氏康が政信に、怒田山（南足柄市）での合戦の忠節を認め、上杉勢が酒匂川を越えたら小田原城に入らせると述べた。二十四日には武田信玄が一万の大軍を率いて甲斐国富士吉田（山梨県富士吉田市）に着陣し、五日の内には相模国河村城（山北町）に入ると知らせてきた。これに対し小田原城の北条宗哲は、小田原城には鉄砲五〇〇挺が用意されており、上杉勢を迎え撃つと告げた。すでに上杉謙信は

河村城址障子堀　山北町山北　山北町教育委員会提供

小田原城の北西方から目前に迫ってきていた。二十二日に小田原城下に放火したのみで、鎌倉方面に軍を向けた。長期の攻囲戦は不利と察したに違いない。加勢に向かう武田信玄の軍勢を気にしたのかも知れない。

同年閏三月四日には、今川氏真が加勢として北条方の河越城に籠城した小倉内蔵助に、忠節を尽くしたことを褒め、上杉勢は酒勾陣から撤収したと知らせた。九日には上杉勢は武蔵国金沢（横浜市金沢区）の称名寺を荒らしていることから、この頃には鎌倉に到達していたのであろう。しかし、この頃、上杉謙信は病気にかかっており、十六日に同行した山内上杉憲政から関東管領職と憲政の政の字を拝領して、上杉政虎と改名した。四月二十一日に鶴岡八幡宮の若宮に参詣すると、早々に鎌倉を引き払い上野国経由で六月二十六日に帰国していった。

# 第三章
# 北条氏政と武田信玄

**八王子城址御主殿冠木門**　東京都八王子市
八王子市教育委員会提供

# 第一節　北条氏政を巡る周囲の状況

## 続く上杉謙信との抗争

北条氏政画像　箱根町湯本・早雲寺蔵

永禄四年（一五六一）六月末に上杉謙信が越後国（新潟県）に帰国していき、九月十日には越後と信濃の境近くの信濃国川中島（長野県長野市）で武田信玄と川中島の戦いを戦った直後に、前の関白近衛前久《さきひさ》が、謙信に関東の状況を知らせた。それは北条氏康が武蔵国松山口（埼玉県東松山市）に陣を張り、下総国古河城（茨城県古河市）の足利藤氏も危険になったから、早々に関東に越山してほしいという依頼であった。謙信が去った後も、武蔵国北部から上野国では、北条勢と上杉勢の抗争は終息せず続いていた。十月中旬には、氏康が斎藤八右衛門に武蔵国秩父谷（埼玉県秩父市）

の上杉勢との合戦や、南小二郎に武蔵国三沢谷（埼玉県皆野町）での合戦の功績に対する恩賞は、そのことを物語っている。

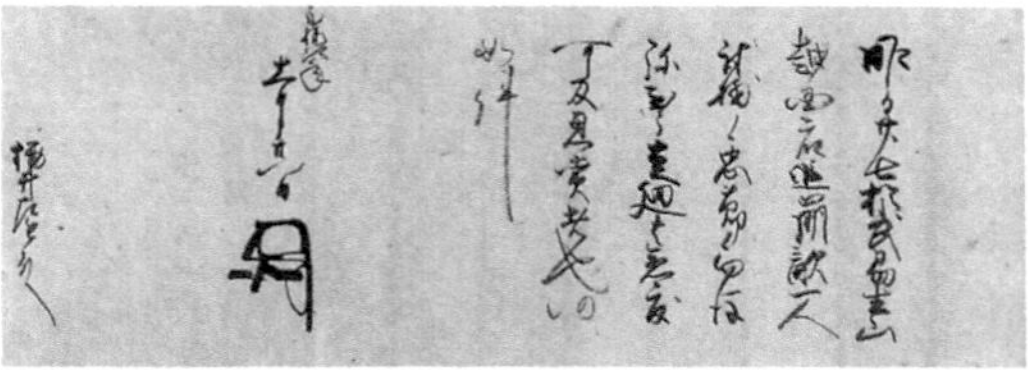

**北条氏政感状**（桜井左近宛）　永禄4年11月　桜井文書　神奈川県立歴史博物館蔵

たぶん、北条氏政からの要請と思われるが、十一月初頭に武田信玄が信濃国松原大明神（長野県小海町）に願文を掲げ、上野国西部に侵攻して、敵城三か城の攻略を祈願した直後に上野国に侵攻し、氏政と共同で軍事行動を展開し始めている。十一月二十七日には武蔵国生山《なまのやま》（埼玉県本庄市）で北条勢と上杉勢との合戦が行われ、氏政は桜井左近・小野藤兵衛・良知《らち》弥二郎・小幡泰清・太田泰昌・小島勘左衛門・仁杉《ひとすぎ》六郎の忠節を賞して感状を与えた。彼らは氏政の側近家臣である。十二月七日には、上杉謙信が橋爪若狭守に、上野国倉賀野城（群馬県高崎市）を攻める北条氏康と信玄の軍勢と戦った功績に対して感状を与えた。同月十八日には藤田乙千代（のちの北条氏邦）が上杉方に属して武蔵国高松城（埼玉県皆野町）に籠もる秩父衆に、高松城が開城したため降伏したことを認め、本領を安堵して人質を出させた。藤田乙千代は天神山城（埼玉県長瀞町）におり、藤田泰邦の婿養子となった。氏邦の鉢形領支配の開始である。

永禄五年正月には、上杉謙信が上野国金山城（群馬県太田市）の由良成繁と小泉城（群馬県大泉町）の富岡重朝に、上野国館林城（群馬県館林市）の後詰めに就くように依頼した。由良成繁が北条氏政を離反して謙信に従属している。同月末には、北条氏康が武蔵国下足立（東京都足立区）に出馬して太田資正と対陣し、蕨城（埼玉県蕨市）などに放火した。二月九日には謙信が、北条方の館林城の赤井文六を攻めて攻略し、赤井氏は没落した。その後、館林領は足利城（栃木県足利市）の長尾景長に与えられ、ここに東上野はほぼ謙信の支配下となった。

しかし、北条氏康・氏政も二月には下総国で反撃に転じており、氏康は岩付太田氏方の武蔵国葛西城（東京都葛飾区）を攻め、氏政は足利藤氏の古河城を攻略している。古河公方足利藤氏は里見義弘のもとに逃れ、古河城にいた山内上杉憲政と近衛前久は上杉謙信のもとに引き取られた。六月下旬に、謙信は越後国に帰国していった。

## 再び上杉謙信の越山と北条氏の対応

永禄四年（一五六一）六月末に上杉謙信が関東から越後国に帰国した後も、山内上杉憲政と近衛前久は下総国古河城に古河公方足利藤氏とともに留まっていた。謙信が越後国に帰国すると、北条氏康・氏政父子は勢力を盛り返し、十月五日には前久が越後国の謙信に武蔵国松山口（埼玉県東松山市）に氏康が着陣したと知らせ、再び関東に越山してほしいと要請した。それに応えた謙信は、十一月十六日以前には関東に越山し、上野国の厩橋城（群馬県前橋市）に入った。氏康は武田信玄とともに軍事行動を起こして、それに対処した。十二月七日には謙信が、橋本若狭守に上野国倉賀野城を攻める北条・武田勢に抗戦した忠節を賞して知行を宛行った。同月下旬には、謙信に味方して武蔵国高松城に籠城した秩父衆が藤田乙千代に開城し、従属した功績を認め用土業国（のち藤田業国）の配下とした。高松城の領有は、後に乙千代の支配する鉢形領の支配には、後々まで大きな拠点の確保となった。

北条氏康父子は翌年二月には、岩付太田氏の下総国葛西城を攻略し、北条氏政が足利藤氏の下総国古河城を攻略した。古河城にいた山内上杉憲政と近衛前久は上杉謙信に引き取られ、足利藤氏は里見義弘のもとに逃げ込んだ。三月上旬には武蔵国忍城の成田氏長と下野国佐野城（栃木県佐野市）の佐野房綱が氏政に従属した。謙信は六月末に山内上杉憲政とともに越後国に帰国していった。次の謙信の越山は同年十二月のことであり、相模国にも、暫くは平穏な時期が到来した。

永禄五年の相模国の状況は、前年からの飢饉の影響が強く、疫病も大流行して郷村は悲惨な状況にあった（『年代記配合抄』）。四月初旬に北条氏政は、三浦衆の西脇外記に相模国林郷（横須賀市）の知行の配分を指示し、三〇貫文は伊東与九郎に、残り分は水軍大将の山本家次に宛行った。家次は本来は伊豆国の水軍であったが、里見氏との東京湾での海上戦に狩り出されて三浦半島の湾岸地帯に来ていた。そのために林郷で知行を拝領したのである。

永禄五年四月下旬に北条氏政は、武蔵国麻布（東京都港区）善福寺の一向宗門徒に、同宗僧侶が使節として摂津国（大阪府）石山本願寺に向かうに当たり、路銀として豆相武三か国の門徒衆・旦那衆から一〇〇〇疋（＝一〇貫文）を徴発する許可を与えた。これは、上杉謙信の関東越山に際し、氏政が石山本願寺の門主に依頼して越中国（富山県）の一向一揆衆を上杉氏の本拠の越後国に侵攻させ、背後を撹乱させる作戦を意図したことへの謝礼の使節派遣であった。

しかし、北条氏は飢饉と戦乱に苦しむ郷村への救済政策も行っていた。四月十四日には、武蔵国金曽木郷（東京都文京区）に対して郷村の大打撃により、基本三税である反銭・懸銭・棟別銭のすべてを免除した。同月二十一日には、鎌倉の建長寺の末寺の寺領の反銭・懸銭・棟別銭を免除している。また、小田原城から北条氏照の支配する武蔵国南西部の平井郷（東京都日の出町）に向かう伝馬役については、平井郷だけでは負担が重すぎるため、隣接する伊那郷（東京都あきる野市）と隔番で行うことと指示した。七月初旬には氏照が、武蔵国野蔦郷（東京都町田市野津田町）の郷民からの訴えで、今年の年貢と基本三税をすべて免除し、欠落した農民を帰村させて休耕田畠を再耕作するように命じた。これらの郷村は、上杉謙信が小田原攻めの時に通行した所で、いかに戦乱で郷村が潰滅的状況であったかを如実に示している。

## 下総国国府台の合戦

永禄五年（一五六二）暮の十二月十六日に、再び上杉謙信が関東に越山して、沼田城（群馬県沼田市）に出てきた。北条氏康が武田信玄と相談して、武蔵国松山城（埼玉県吉見町）に着陣し、太田資正を攻めたと聞いての越山であった。謙信は上杉方の諸国衆に参陣を要請し、下野国の那須資胤には関東の安危はこの時と覚悟して参陣するように依頼し、今後の作戦は由良成繁か資正から知らせると述べた。

永禄六年に入ると二月初旬には里見義堯が上杉謙信からの依頼次第で出馬し、下総国市川（千葉県市川市）に着陣すると約束した。四日には上杉方の松山城が北条氏に攻略された。謙信は救援に駆けつけたが間に合わず、代わりにその帰路で、武蔵国忍城（埼玉県行田市）の成田長泰、騎西城（同県騎西町）の小田伊賀守、上野国桐生城（群馬県桐生市）の佐野直綱、下野国藤岡城（栃木県藤岡町）の茂呂因幡守、小山城（栃木県小山市）の小山秀綱、下総国結城城（茨城県結城市）を攻めて降伏させ、上杉方に従属させた。同月には常陸国（茨城県）の佐竹義昭すらも謙信に従属している。

三月中旬に北条氏康が、成田長泰の弟小田伊賀守が守る騎西城の後詰めとして出馬し、河越城代の大道寺資親も出馬した。早くも成田長泰と小田伊賀守が北条方に帰属したとわかる。上杉謙信は四月初旬に、下野国佐野城（栃木県佐野市）の佐野氏を攻めてから、六日に上野国厩橋城から沼田城に帰着し、翌日には越後国に帰国していった。次の謙信の関東越山は、この年の閏十二月である。その間の相模国の状況を述べておこう。

四月には相模国厚木郷（厚木市）最勝寺の阿弥陀如来像が修復され、その願書には上杉謙信の侵攻で郷村が潰滅的な被害を受け、当仏像も破損したので旦那の溝呂木久吉が修復させたと記した。相模川流域の東側の郷村も潰滅的な被害を受けたとわかる。六月中旬には北条氏政が、田名郷（相模原市中央区）に玉縄城の塀の修復工事の人足を賦課して修復させた。戦乱で玉縄城の破損が進んだためであろう。普請人足の賦課範囲は、相模国東郡・三浦郡と武蔵国久良岐郡の全郷村に課せられていた。

永禄六年閏十二月初旬に、上杉謙信が関東越山に動きだし、上野衆の富岡重朝に北条・武田両軍が東上野に侵攻して金山城（群馬県太田市）の由良成繁を攻める形勢なので、上杉勢が撃破すると伝えた。十九日には上杉謙信は上野国厩橋城に進撃し、房総の里見義堯に協力を依頼した。同月末には北条氏康は武蔵国松山城に入り、武田信玄は西上野に在陣した。

永禄七年正月一日に北条氏康は、敵対する里見義堯父子が下総国葛西城（東京都葛飾区）に進撃し、武蔵国江戸城（東京都千代田区）城主の太田康資が里見方に寝返ったことから、江戸城の城兵たちが動揺していると太田康宗らに伝えた。四日に氏康は、秩父次郎左衛門・西原次郎右衛門に里見勢が六〇〇騎ばかりで下総国市川に着陣したと伝え、伊豆衆に急ぎの参陣を命じる。七日には氏康父子が、下総国国府台（千葉県市川市）で義堯・義弘父子と合戦に及び、最初は里見勢が勝利したが、翌八日には北条勢が油断した里見勢を撃破して氏康の大勝利となる。第二次国府台合戦と呼ばれている。第一次国府台合戦は天文七年（一五三八）十月に行われていた。

このたびの合戦では、北条方も相当の痛手を受けることになった。江戸城代の遠山綱景・隼人佑父子と富永康景、ほかに宅間房成・蔭山忠広・山角定吉などの名だたる重臣が討ち死にを遂げた。それでも敵方の里見義堯・太田資正・正木時茂らは敗走し、ここに北条氏康・氏政父子の下総国・上総国領有が決定的になった。

## なお続く上杉勢との激戦

永禄七年（一五六四）正月に入ると、北条氏に敵対する常陸国の佐竹義昭が上杉謙信の進撃に合わせて利根川を越えて上野方面に侵攻し、武田方の和田城（群馬県高崎市）の和田業繁や小田城（茨城県つくば市）の小田氏治の攻撃に向かった。同月八日に国府台の合戦に勝利した北条氏政は、里見方の国府台城（千葉県市川市）を接収して下総国市川周辺の経営に専念していた。一方の謙信は館林城にいて、同月下旬には上野国小泉城（群馬県大泉町）の富岡重朝に、下野国佐野城の佐野昌綱を攻めると伝えて参陣を促したが、すでに昌綱は北条方に離反していた。同月末には宇都宮広綱が謙信・義昭とともに北条方の小田氏治を攻略し、氏治は常陸国土浦城（茨城県土浦市）に敗走した。

七月中旬に北条方の古河公方足利義氏が、里見義弘に攻められて上総国佐貫城（千葉県富津市）から相模国鎌倉に逃げ込み、義弘が佐貫城に入る。里見氏の反撃が再開された。その頃、城主の太田資正が二十三日に宇都宮に出陣中に、太田氏資（氏政の妹婿）が氏政に内応して資正父子を武蔵国岩付城から追放し、宇都宮城（栃木県宇都宮市）に逃れた。念願の岩付城が北条氏の支城となる。のち、資正父子は常陸国の佐竹義昭に拾われて、その客将となった。この七月には氏政が、従属した正木時忠への支援として上総国万喜城（千葉県いすみ市）を攻め、ついで西上総の佐貫城に里見義弘を攻めた。同時に相模国玉縄城の北条綱成が軍船二〇〇隻で東京湾を渡り、安房国北条（千葉県館山市）に侵攻して周囲を放火し、里見勢に打撃を与えた。このうち続く北条と上杉の抗争を憂慮した京都の将軍足利義輝は、八月に入ると北条氏康と上杉謙信に御内書を発して和睦させようとしたが、謙信は関東統治の正当性を主張して、これを拒否した。この八月三日には謙信は、信濃国川中島（長野県長野市）に着陣し、武田信玄と対陣したが十六日には双方ともに兵を引いている。これを第五次川中島の合戦と称しており、最後の川中島合戦となった。また、この年の四月に関東から越後国に帰国した謙信は、翌永禄八年十二月まで関東に越山しておらず、北条領国はしばしの戦乱休みとなった。

ここで、永禄七年四月から翌八年末までの相模国の状況を述べておこう。永禄七年五月二十二日に北条氏政が、相模国中郡の皮作職人頭の彦右衛門に具足用の皮を小田原城に納入させた。七月中旬に古河公方の足利義氏が上総国佐貫城を里見義弘に攻められて脱出し、鎌倉に移座した。八月中旬には氏政が遠山康光に制札を掲げ、遠山惣九郎の知行地の相模国柳川（秦野市）の藪を育成させ、勝手に伐採することを禁止させた。十一月十日には氏政が相模国岩・真鶴（真鶴町）に、あわび・海老などの魚介類の小田原城下の売買は、質の良い精銭で取引を行うことと定めた。北条氏が撰銭法度を定めて通達した。十二月十九日には氏政が岡本政秀に、小田原城下の門松を用意させ、松の納入を郷村に催促させた。政秀は氏政の側近家臣で、前の第一章第二節「小田原衆と御馬廻衆」の項で紹介したので参照されたい。

## 第二節　支城領主の活躍

### 三崎城主の北条氏規

北条氏規は北条氏康の五男で、天文十五年（一五四六）に生まれた。氏規は、幼くして相甲

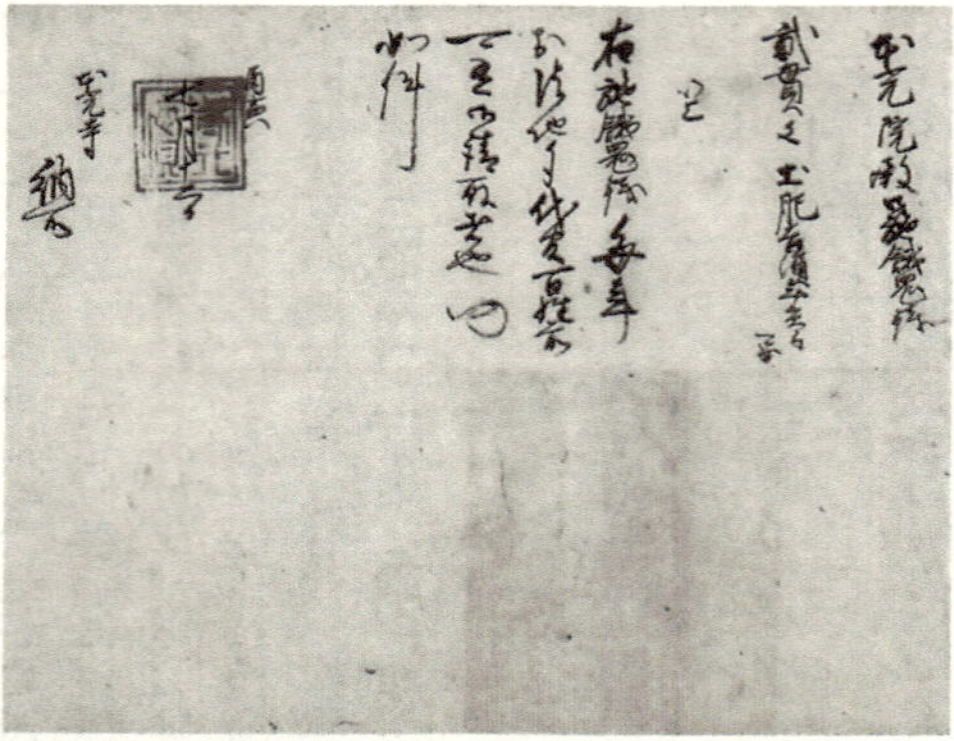

**北条氏規朱印状**　永禄９年７月　本光寺文書　神奈川県立歴史博物館蔵

駿三国同盟の証人（人質）として、駿河国の今川義元のもとに送られて駿府城下（静岡県静岡市葵区）で過ごした。その時の隣家には義元の人質であった徳川家康がいて、氏規と近しく交流したという。駿河時代の氏規については京都の公家の山科言継《ときつぐ》の日記『言継卿記』に記録が見られる。弘治二年（一五五六）十月に初見され、義元の母親の寿桂尼に可愛がられ、幼名を賀永《がいえい》と呼ばれた。その後は義元の養子となり助五郎と名乗り、知行地として遠江国浅羽庄（静岡県袋井市）で六町七反を拝領していた。

　北条氏規は永禄七年（一五六四）以前には相模国に帰国しており、翌年正月には自己の朱印で「真実」と読める小型朱印状を伊豆国の手石郷（静岡県南伊豆町）に出している。後に氏規は伊豆国韮山城（同県伊豆の国市）の城将に就任していることから、この帰国直後の氏規朱印状は韮山城から発給された可能性が強い。当文書を初見とする氏規朱印状は、天正十八年（一五九〇）

まで三三通、その後も天正十九年八月まで二通の、合計三五通が確認されている。相模国三崎城（三浦市）の城主に就任したのは永禄九年六月以前のことで、それ以後は当朱印状は、三崎城主と韮山城将を兼務していたので、三浦郡と伊豆国韮山城領に関するものとに二分される。

氏規は天文十一年に死去した玉縄城主の北条為昌の菩提者を務めている。為昌の頃には三浦郡は玉縄城の管轄地域で、その死去後は北条氏康の直轄領であった。氏規は永禄十年二月には、三浦郡公郷田津（横須賀市）の永島正氏に葛網の御用を申しつけた。同年九月には氏規が鎌倉の円覚寺続灯庵に、自己の祈願所として他所の者の横合い（不法を犯すこと）を禁止させた。翌十三年二月には三浦半島突端の観音崎の観音寺（横須賀市）に竹木伐採を禁止させ、飛脚や出家役（僧侶を使役すること）を免除とした。元亀元年（一五七〇）十月には氏規は、水軍の山本家次・正次父子に上総国の半手郷（敵味方の双方に年貢を出す郷村）の管理には房総の野中修理亮を任命したと伝えた。

北条氏規は天正四年六月から官途を左馬助と称し、同六年正月からは受領の美濃守を称した。韮山城将を兼ねていたから、三崎城に不在の時は、郡代の南条昌治や城代の山中康豊が三浦郡支配を代行した。氏規は豊臣秀吉や徳川家康との外交交渉にも活躍した。その業績で小田原合戦後は、豊臣秀吉から七〇〇〇石の知行を河内国（大阪府）で拝領し、氏盛（氏規の嫡男）の知行とともに一万石の外様大名となり、慶長五年（一六〇〇）二月に死去した。子孫は河内国狭山藩主として幕末に到った。

## 田原城主の大藤氏

北条氏の支城では相模国中郡の田原城（秦野市）の大藤《だいとう》氏の活躍も見逃せない。しかし、田原城はその所在地が未だに不明である。大藤氏は中郡の郡代と言われている。大藤氏は初代の大藤金谷斎永栄が北条早雲に仕えた。のち永栄—景長—秀信—政信—与七と続いた。初代の大藤永栄については、すでに第一章第三節で紹介したので、参照していただきたい。永栄の嫡男景長は、天文三年（一五三四）九月末に、父永栄と連署して中郡北波多野（秦野市）羽根村の春窓院（のちの香雲寺）に寺領を寄進し「大藤三郎景長」と署名した。同十年には、北条氏綱の死去で反撃にでた扇谷上杉氏との武蔵国河越城（埼玉県川越市）の戦いで、父永栄、嫡子与次郎とともに同城を死守した。天文二十年三月に永栄が死去したため、景長の弟の秀信が家督を相続した。

大藤秀信は初代永栄の末子で景長の弟。のち永禄四年（一五六一）には北条氏政の政の一字を拝領して政信と改名した。幼名は与七、官途は式部丞・式部少輔。北条氏康・氏政に仕え田原城主で中郡郡代を務めた。正室は山角康定の娘。天文十八年七月には、相模国富塚郷（横浜市戸塚区）新念寺に寺領を寄進し、文書に「大藤与七秀信」と署名した。同二十一年十二月に北条氏康から家督相続を命じられ、軍役をよく務めることと指示された。弘治二年（一五五六）四月には、北条方の常陸国の結城政勝と敵対する小田氏治との同国海老ヶ島城（茨城県筑西市）での合戦に参陣し、戦功を立てて氏康から感状を与えられた。そこには大藤式部少輔政信とあり、すでに政信と改名し式部少輔の官途を称している。『小田原衆所領役帳』〈諸足軽衆〉の筆頭に大藤式部丞と見え、知行地は中郡北波多野で七九貫文、寺山・なこの木・横野（ともに秦野市）で五五貫文、三浦郡松輪（三浦市南下浦町）で五〇貫文の合計一一九貫文を拝領した。そのほかに足軽衆への知行分として、中郡岡崎（平塚市・伊勢原市）で三三五貫文を預けられ、その内の一九一貫文は大藤衆六七人の足軽給分であった。足軽大将を務めたとわかる。

永禄四年三月に上杉謙信が相模国に侵攻すると、十四日に大藤政信は大槻（秦野市）や曽我山（小田原市）の合戦で忠節を尽くし、北条氏康・氏政から感状を受けた。同年十月には氏政が諸足軽衆に、武田信玄と共同で軍事行動をするについて、軍勢の不足分を指摘した。大藤政信の足軽衆は総勢一九三人の規定の内、四四人も不足していると述べている。大藤氏の軍勢は時と場合によって、どの方面の合戦にも出軍できる遊撃隊としての性格が強かったと言われている。同十一年末に武田信玄が今川氏の駿河国に侵攻した時には、今川氏真を支援した北条氏の軍勢として、政信の足軽衆は駿河国薩埵峠（静岡県静岡市清水区）の戦いや駿府城（同市葵区）の籠城戦に参加して活躍した。その功績により翌十二年七月に氏政は政信に、今川家臣の三浦土佐守の知行分から一五〇〇貫文を宛行った。元亀三年(一五七二)十一月末に遠江国二俣城(静岡県浜松市天竜区)で徳川家康と戦って討ち死にした。跡は与七政信(父親と同名)が継いだ。

二代目の大藤政信は、幼名を与七、官途は式部少輔・式部丞と称し、北条氏政から家督相続を認められた。相模国中郡田原城主で中郡郡代を務めた。天正九年(一五八一)八月には上野国天神山城(群馬県みなかみ町)に侵攻して合戦し、北条氏直から感状を与えられた。同年十一月末には駿河国興国寺城(静岡県沼津市)で武田勢と戦い、忠節を認められ、同十一年以降は上野国小泉城(群馬県大泉町)や館林城(同県館林市)の当番衆や合戦で活躍した。天正十四年五月に死去した。秦野市羽根にあった春窓院に位牌があったという。跡は嫡男与七が継いだ。

## 第三節　武田信玄の小田原攻め

### たび重なる上杉謙信の越山

永禄九年(一五六六)に入っても北条氏康・氏政父子と上杉謙信との戦いは続いていた。正月には、謙信が北条方の常陸国小田城（茨城県つくば市）の小田氏治を攻め、結城晴朝・里見義弘・成田氏長・由良成繁・佐竹義重らが上杉方として参陣した。里見義弘は北条方の下総国小金城（千葉県松戸市）の高城《たかぎ》胤辰《たねとき》を攻めた。小田氏治は二月十日に佐竹義重に降伏した。同月下旬には謙信は下野国佐野城（栃木県佐野市）から北条方の下総国臼井城（千葉県佐倉市）原胤貞を攻めるため、上野国館林城（群馬県館林市）に移った。三月九日に謙信が原胤貞を攻める。この頃には、将軍足利義昭が謙信と氏康との抗争を憂慮して双方に和睦を勧め、小田原城に使者を派遣して大覚寺義俊からの副状を持たせた。

しかし、その憂慮を無視するかのように、三月中旬に武田信玄が上野国に侵攻し北条氏康父子も共同作戦を敷いて出馬すると武田方に伝えた。同月二十日に上杉方の長尾景長が、上杉謙信は下総国臼井城の原胤貞を攻めて本丸近くまで迫ったが、胤貞に撃退されたと知らせた。二十三日には北条氏政が臼井城の胤貞の救援に向かい、上杉勢は敗走して上野国厩橋城（群馬県前橋市）に退去した。この謙信の敗走は、その後の謙信の関東経営に大きく支障をきたすこととなった。関東の国衆らから上杉勢は弱兵と侮られたのである。

この四月に北条氏政と足利義氏が相馬治胤と和睦した。また、この月に、北条氏康が出馬停止を宣言して小田原城での執務に専念し、もっぱら氏政が出馬する体制となる。氏康の隠居印である「武栄」朱印が虎朱印の代わりに発給され始めた。

五月には北条氏照が上総衆の正木時忠に、上杉方の小田氏治・結城晴朝・小山秀綱・宇都宮広綱が人質を北条氏政に出して従属したと伝えた。七月一日に将軍足利義昭が北条氏康と上杉謙信との和睦について小田原城に使者を派遣した。しかし、和睦は不調に終わる。八月二十五日に氏政が将軍家の細川藤孝に、義昭の御内書を受けて返答し、武田信玄・謙信との三者和睦には信玄にも御内書を発給すべきと述べた。閏八月には謙信が上野衆の富岡重朝に、近日中に関東に越山すると伝える。同月十九日には越山し、沼田城から上野国金山城（群馬県太田市）に向かうが、由良成繁が北条氏に従属したので、そのまま越後国に帰国した。九月十三日には将軍義昭が謙信に、氏政との和睦について協力を再度依頼する。同月末に信玄が西上野に侵攻して箕輪城（群馬県高崎市）長野業氏を攻略し、城代に内藤昌秀をすえた。

同年十一月八日に上杉謙信が再び越山して上野国大胡城（群馬県前橋市）に入り、富岡重朝に参陣を求める。十九日には下野国佐野城に移る。二十日には富岡重朝が謙信を離反して北条氏政に従属し、氏政が上野国に出馬した。十二月に入ると上野国厩橋城の毛利高広が北条方に従属し、この月初旬には将軍足利義昭が武田信玄に、甲相越三か国の和睦は信玄の決意次第と述べて、義昭支援の出馬を要請する。この月末には氏政の館林領への侵攻で上野国館林城の長尾景長が氏政に従属した。謙信はこのような不利の状況のもとで佐野城にいて、氏政の攻撃を退けつつ越年した。

永禄十年正月二十八日に上杉謙信が佐竹義重に、北条氏政と武田信玄との間が危うくなり、第一の謀叛人である由良成繁を退治することと忠告した。この月にには信玄の西上野への侵攻が一時期休止する。三月中旬には謙信は、佐野城に色部勝長を在番（城兵の少ない城にほかの城兵を輪番で派遣すること）させて越後国に帰国していった。四月中旬に氏政は関宿城の簗田晴助が従属したため、起請文を交換して、以後の安全を確認する。同年十月に謙信が再び関東に越山し、二十四日の書状では沼田城から上野国の国中に出馬し、厩橋城や二〇数か所の城を攻めて氏政の陣所近くに迫り、北条勢を敗走させたと述べた。十一月初旬には謙信が離反した佐野城の佐野昌綱や上野国衆を攻めた。同月二十一日に謙信は帰国していった。

その頃に房総方面では、北条氏康が北条水軍の梶原景宗や愛洲・橋本・安宅氏らに昨日の里見勢の相模国三崎城（三浦市）への来襲に防戦して撃退した功績を認めて、氏政から感状を出させると約束した。里見義弘は上杉謙信と共同であくまでも北条氏に戦いを挑んでいた。

## 越相同盟の締結と武田信玄との激闘

永禄十一年（一五六八）三月六日には、将軍足利義昭が謙信に、越甲相三国同盟には謙信と氏政の同意が得られたので、早く上洛して義昭を支援してほしいと伝えた。この頃から氏政と謙信は同盟の意向を持っていたとわかる。三月十三日に上杉氏家臣の河田長親が徳川家康の家臣酒井忠次・石川家成との間で、和睦交渉を開始した。四月十五日には今川氏真の家臣朝比奈泰朝・三浦氏満が上杉氏家臣の直江景綱・柿崎景家に、武田義信（信玄の嫡男）の自刃により、北条氏康父子の申し入れで義信の正室の今川義元娘を帰国させたと知らせる。

永禄十一年十一月三日に、武田信玄が甲相駿三国同盟を破棄して駿河国の今川領への侵攻の準備を開始した。突如として十二月六日に信玄が駿河国に侵攻し、今川氏真を支援する北条氏政は信玄と直ちに断交して出馬し、伊豆国三島（静岡県三島市）に着陣した。

北条氏康・氏政父子は出陣と同時に、なんと長年の宿敵であった上杉謙信との同盟交渉も開始していた。その理由とは武田信玄が北条氏照への書状で言うには、この度の駿河国への侵攻は、今川氏真が謙信とともに信玄を攻め滅ぼす計画を立てたためであると十二月十九日の氏照書状で述べていることに起因していた。そこで、氏康は娘早河殿が氏真の正室であることから氏真を支援し、謙信・氏真・氏政との越駿相三国同盟を構築しようと画策した。一方の信玄は徳川家康と同盟しており、家康は信玄の駿河国の侵攻に同調して遠江国へ侵攻し、氏真を挾撃する作戦を示した。

今川氏真は十二月十二日に出陣して薩埵峠（静岡県静岡市清水区）で武田信玄と戦ったが、離反する者が多く敗走して駿府城に逃げ帰った。翌十三日には駿府城に武田軍が迫ったため、ここも防ぎきれず遠江国懸河城（静岡県掛川市）に逃げて籠城した。あまりに急いだため、早河殿は裸足で逃げるあり様であった。以前から駿河国蒲原城（静岡市清水区）には北条氏政の在城衆が詰めていたので、氏政は十四日に在城衆へ氏真一行を遠江国に無事脱出させるように指示している。同日には氏政が蒲原城に入り、駿河国駿東郡の支配に当たった。氏政は今川方の駿河国富士郡大宮城（静岡県富士宮市）の富士信忠に忠節を求め、清水康英・布施康能・大藤政信らを派遣して監視させた。相模国の武士たちが総動員されて駿河表に出陣していたとわかる。二十三日に氏政は、清水新七郎・板部岡康雄に氏真の正室の早河殿の救出のために海船で懸河城に派遣し、救出に向かわせた。

この頃には上野国沼田城（群馬県沼田市）の上杉方の河田重親らに、北条氏照から越相同盟推進の依頼状が来ており、本格的に同盟交渉が開始された。以後は越相同盟関係の書状は北条氏康の指導で、氏照と北条氏邦の二方面から上野国金山城（群馬県太田市）の由良成繁を仲介として、上杉方の沼田城の三人の城将を経由して上杉謙信に届けられた。今川氏真の書状も同じであった。しかし、越相同盟の交渉は、氏康父子と上杉謙信との領土分割問題が難題で、関東管領の委譲、謙信への養子問題も絡んで難航した。結局は北条氏との領土問題は上野国を謙信に割譲すること、武蔵国の羽生領と深谷領も割譲することで決着した。養子問題も難航したが、結局は氏政の弟の北条三郎が謙信の養子に入ることで決着した。謙信には養子として、すでに上杉景勝がいたので、のちに謙信が死去すると、三郎（改名して上杉景虎）と景勝との間に家督相続を巡って、天正六年(一五七八)「御館《おたて》の乱」と呼ばれる内乱を誘発した。

## 三増峠の戦い

永禄十二年(一五六九)二月に入ると、北条氏政と武田信玄との駿河国を巡る戦いは、いよいよ激烈化していった。正月末には氏政は薩埵峠に陣城を構築して信玄と対峙し、武田勢は興津城(静岡県静岡市清水区)で北条氏邦と戦い陥落させた。二月一日には武田方の穴山信君・葛山氏元が富士郡大宮城の富士信忠を攻め、二十八日には北条勢が興津城を攻めたが撃退される。三月七日に信玄は、同盟している関東の佐竹義重・里見義弘・宇都宮広綱に相模国に侵攻して、小田原城を攻めるように依頼した。氏政は謙信に信濃国飯山口(長野県飯山市)に進撃して、信玄の背後を撹乱してほしいと依頼したが、謙信は出兵しなかった。四月二十四日に信玄は駿河国から撤退し、二十八日には甲府に帰着した。

永禄十一年末から翌十二年四月の間の相模衆の武士の動きは、どのようであったのか述べておこう。十二月十八日に三浦衆が北条氏規の命令で、駿河国須津(静岡県富士市)に出陣し、北条方の加勢を務めた。翌十二年正月五日に、今川氏真は大藤政信が懸河城(静岡県掛川市)に籠城した忠節を北条氏康父子に報告した。政信の軍勢は相模国中郡の武士からなっていた。十六日には由良成繁が駿河国の蒲原城(静岡市清水区)・興国寺城(静岡県沼津市)・長久保城(静

**北条氏康朱印状**（清田氏宛）　永禄12年3月　清田恒顕氏蔵　平塚市博物館寄託

岡県長泉町）・吉原城（静岡県富士市）に北条勢の相模・伊豆衆が籠もっていると上杉方に報告した。相模国の北条勢はあらかた駿河方面に出陣していた。二月二十七日には、氏康が津久井衆の内藤氏配下の野口喜兵衛・安藤右近・同十左衛門に、城普請に未熟な箇所があり、内藤一騎合衆を一〇〇人も加えて普請のやり直しを命じた。同日に氏政が玉縄衆の間宮康信に、駿河国の薩埵峠での武田勢との戦いで忠節を尽くした功績を認めて感状を与えた。玉縄衆も駿河方面に出陣していた。

　同年三月二十日には氏康が相模国中郡須賀郷（平塚市）清田氏に他郷村に欠落した農民を帰村させた。戦乱で郷村からの逃亡民が多かったのであろう。二十三日には氏康が津久井衆の内藤氏配下の二十騎衆に、中郡平塚（平塚市）に集合して三崎城（三浦市）への在番と守備を命じた。敵対している里見勢への配慮と思われる。四月二十日には氏政が通りの御荷奉行（往来する荷物を搬送する係り奉行）に、小田原城の関為清から荷物と四五人の人足を受け取り、駿河国佐野（静岡県裾野市）に届けさせた。出陣中の北条軍への補給物資の搬送であろうか。

永禄十二年五月七日には、北条氏照が上杉謙信の家臣で上野国沼田城の城将である柿崎景家に、越相同盟が締結すれば下総国関宿城の簗田晴助攻めへの向城（攻める敵城のために向いに築いた砦）である山王山砦（茨城県五霞《ごか》町）を破壊すると伝えた。また、武田信玄はこの頃は病気で関東出陣は見送っていたが、回復し次第に氏照の武蔵国滝山城（東京都八王子市）と伊豆国三島口の二方面から関東に侵攻する作戦を立てていた。同じくこの頃には北条氏政と徳川家康が和睦していた。

信玄の作戦は、まずは後背である北条氏を叩いてから、駿河・遠江方面に進出し、京都に向かう計画であった。十五日に今川氏真が家康に懸河城を開城して氏政に引き取られ、駿河国蒲原城に入った。ついで氏真夫妻は小田原城に入り北条氏の庇護を受けた。二十三日には北条国王丸（のちの氏直）に駿河国守護職を譲り、戦国大名の今川氏は滅亡するに到った。翌二十四日には氏政と家康との同盟が成立した。

同年六月十二日に武田信玄は佐竹義重・里見義弘に小田原城に侵攻する予定を知らせ、協力を依頼した。十六日に信玄は駿河国古沢（静岡県御殿場市）から深沢城に侵攻し、同城の北条綱成・松田憲秀と合戦し、北条氏政は上杉謙信に後詰の加勢を依頼した。再び信玄の北条攻めが始まった。信玄は七月初旬には伊豆方面に向かい、三島に放火して北条（静岡県伊豆の国市）

に侵攻し、北条氏規と北条氏忠の軍勢を破ってのち、駿河国富士郡へ進撃して北条方の大宮城の富士信忠を降伏させた。同月末には信玄と謙信の間で和睦が成立していたらしい。十一日には武田軍は相模国円能口《つぶらのぐち》（山北町都夫良野）に侵入し、北条勢と合戦している。

一度は甲府に帰国した武田信玄は、八月二十四日に二万人の軍勢で甲府を出馬し、上野国から武蔵国に侵攻した。九月九日に武蔵国御嶽城（埼玉県神川町）を攻略し、ついで鉢形城（埼玉県寄居町）の北条氏邦を攻めた。十日には鉢形城は落城寸前まで攻め込まれたが、信玄は深攻めせず、次の攻撃目標の滝山城の北条氏照の攻略に向かった。滝山城では氏照軍が必死に防戦し、辛くも落城を免れたが、裸城にされ城下も放火で大損害に見舞われた。次の武田軍の攻撃目標は小田原城であった。九月二十九日には信玄の大軍は、小田原城下の酒匂に着陣した。十月一日に小田原城蓮池門に迫り城下に放火して荒らしまわったが、長居は不利と思ったか四日には撤収して鎌倉方面に軍を向けた。旧暦の十月といえば現在の十一月で、相模国と甲斐国の国境は降雪の季節に入る。

武田信玄は大軍を率いて国境を撤収する方向を考えた結果、津久井料を越えて甲斐国にいたる路をとることに決定した。鎌倉の手前から北上して厚木方面から相模川沿いに出て、道志川河畔に到達する道順であった。津久井料を通過するには、津久井城の内藤綱秀を封じ込める必要があり、六日早朝に津久井城の南側に軍勢を配置してから三増峠（愛川町・相模原市緑区）

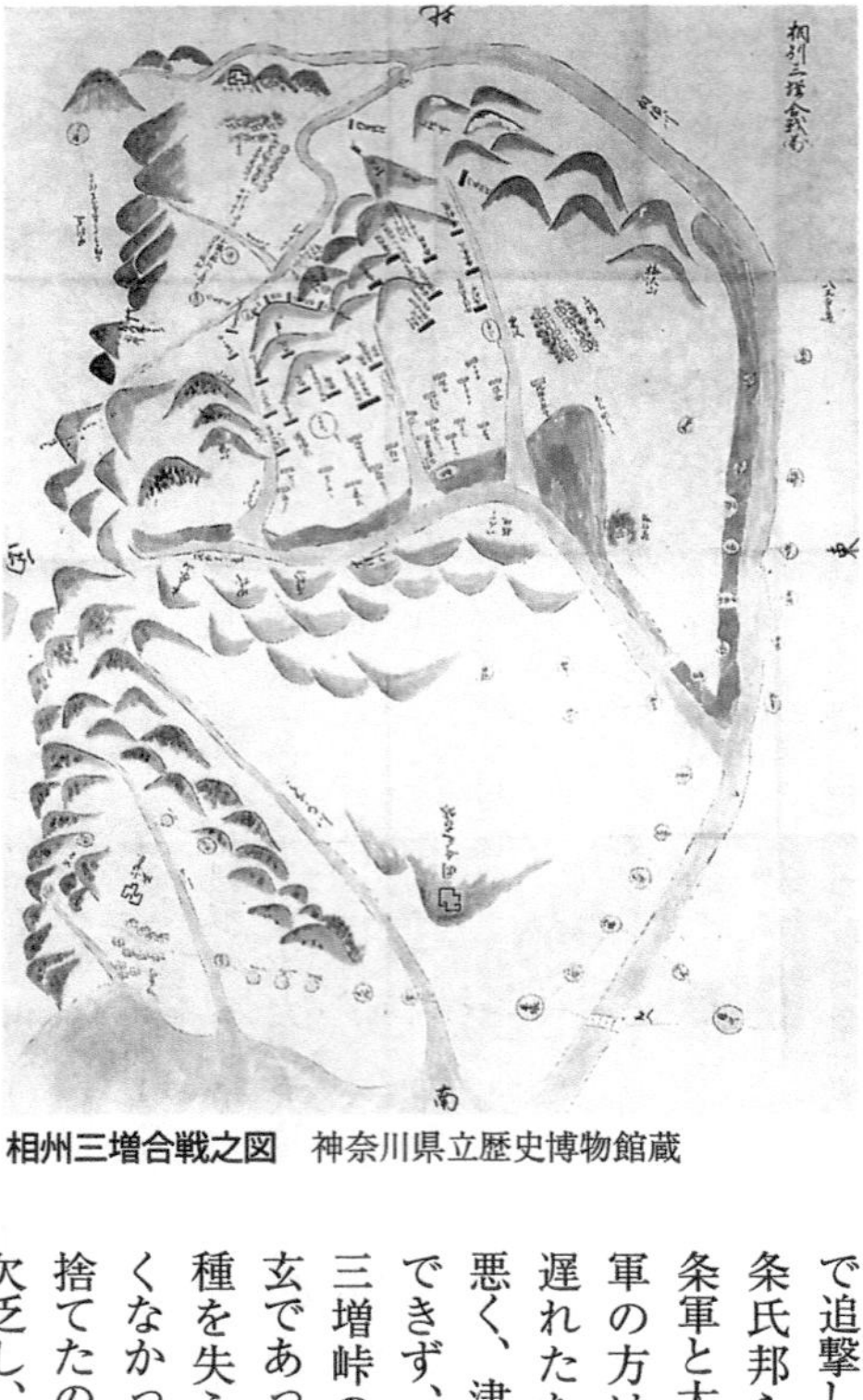

**相州三増合戦之図**　神奈川県立歴史博物館蔵

で追撃してくる北条氏照・北条氏邦らの七〇〇〇人の北条軍と大激戦を演じた。北条軍の方は本隊の北条氏政が遅れたために軍勢の統制が悪く、津久井の内藤勢も出軍できず、信玄に大敗北した。三増峠の合戦に勝利した信玄であったが、勇将の浅利信種を失うなどの損害も少なくなかった。特に小荷駄隊を捨てたので、武田軍は兵糧に欠乏し、道志川河畔に到達した時には疲労困憊の体であった。寒さに窮した武田軍の軍兵は駐屯地近くの武田氏の守護神の諏訪神社の社殿を、こともあろうに侍大将の制止も聞かずに壊して、焚き火の薪として燃やしてしまったという。

## 相甲同盟の復活

永禄十二年（一五六九）九月の武田信玄による小田原城攻めと、続く三増峠の合戦での敗北は、北条氏康父子に大きな打撃を与えた。信玄の進撃してきた相模川の流域西側の郷村は、相当の被害に見舞われた。米の収穫時期を狙った相模国への侵攻の苅田狼藉（田畠の作物を略奪すること）は物凄く、寺社の破壊も相当の数に上った。例えば『厚木市史』に見える史料には、厚木市金田の建徳寺の再興由緒書には、信玄の侵攻で堂塔を悉く破壊され、本尊や不動像も破壊されて火中に投ぜられたと記されている。厚木市妻田の遍照院では、武田軍の兵火で諸堂塔と宝物がすべて失われたという。また、厚木市飯山の千光寺の仏像銘にも、千手堂と本尊が武田軍により焼却されたと記している。

北条氏康は武田信玄の小田原城攻めには、対応策として上杉謙信に加勢を依頼していたが、謙信は越中国（富山県）に出陣していて加勢には出られなかった。三増峠の敗北の直後に、北条氏照は謙信に敗北の原因は、津久井衆が活躍できなかったためと恨み言を述べており、暗に上杉方の加勢が来なかったことへの不満をぶつけている。謙信の越後帰国は十月二十七日のことであった。上杉勢は疲労していたが、それでも謙信は十一月二十日には関東に越山し上野国沼田城、ついで厩橋城に入った。

永禄十二年十二月十日には武田信玄は織田信長に、上杉謙信は越山して上野国沼田城に入ったが、自分は将軍足利義昭の指示である甲越和睦を進めるため、上杉領の上野国には侵攻せず、駿河国に侵攻して蒲原城を攻略したので、駿府城に向かうと知らせた。十三日に信玄は駿府城を再び占領した。これに対して北条氏政は、大宮城（静岡県富士宮市）から退去した富士信忠に伊豆国で屋敷地を与えて保護している。また、氏政は二十四日に西上野に出馬して北条氏照や氏邦にも参陣を命じた。留守中の防衛として二十七日には、相模国田名（相模原市中央区）・磯辺（同市南区）の農民・小代官に、郷村内の人口調査を命じた。来年にも信玄が再び北条領に侵攻するのは必定で、城々を防衛するために壮健な郷村民を農兵として徴用するため、名簿を作れとの命令であった。この日には武田勢が小田原城の西側に当たる相模国西郡円尾（山北町都夫良野）に侵攻し、近くの砦を攻略した功績で御宿友綱《みしゅくともつな》が信玄から感状を与えられている。この年は相模国西郡の郷村は、強風に煽られて田畠の作物が実らず、西郡斑目郷（南足柄市）では風損のために年貢軽減の訴えを起こしていた。

元亀元年（一五七〇）正月早々に北条氏政は上杉謙信に、下野国佐野城（栃木県佐野市）の佐野昌綱攻めよりも、約束通り北条氏に同調して武田方の西上野に軍勢を向けてほしいと懇願した。早くも越相同盟に不穏な空気が漂い始めていた。北条氏側から謙信に出す養子問題も、未だ決着していなかった時期である。二月二十七日に氏政は再び相模国の郷村に人口調査を命じ、中郡今泉郷（厚木市）では在郷の武芸者を北条氏の軍勢として徴用し、北条家朱印状で陣触れを発したら参陣させることと通達した。戦乱と飢饉の上に根こそぎの男子徴用で、郷村の働き手を失っていった郷村農民の苦しみは、想像に難くない。二十八日には武田信玄が信濃国諏訪神社に、関東に侵攻する方向の吉凶を占わせ、西上野と相模国津久井方面のほかに、伊豆国への侵攻の吉凶も占わせた。謙信は氏政の懇願を聞き入れず、あくまでも下野国佐野に駐屯して動かなかった。

同年三月十九日に武田信玄は、常陸国の佐竹義重との同盟に乗り出した。また、二十七日には古河公方家臣の木戸氏胤に仲介を依頼し、里見義弘との協調の意思を伝える。信玄の北条氏政への包囲作戦は着々と進行しつつあった。四月十四日に信玄は春日虎綱に、上杉謙信は五日の内に佐野から沼田経由で帰国するのは確実との知らせで、沼田城から謙信が退去したら出馬し、駿河国から伊豆方面に侵攻すると伝えた。事実十六日には甲府を出馬して駿河国大宮城に入り、富士浅間社に願文を掲げて北条氏康父子の撃滅を祈願した。対して氏政は謙信に、約束通り信濃国に出馬し武田方の背後を攪乱してほしいと伝えたが、ついに謙信は信濃国には出馬しなかった。それでも越相同盟の証として越後に送られた北条三郎が、四月二十五日に春日山城（新潟県上越市）で謙信の養子として祝言を挙げたことを北条・上杉双方が喜び合っていた。

元亀元年五月十四日には、駿河国沼津（静岡県沼津市）で北条勢と武田勢が合戦し、北条氏政から荒川善次郎が感状を受けた。駿河国駿東郡には北条方の城として興国寺城（沼津市）が武田勢の侵攻を食い止めていた。六月に入ると武田勢は武蔵国北西部の鉢形領にも侵攻し、同月末には大滝（埼玉県秩父市）から日尾城（同県小鹿野町）方面に進撃したため、北条氏邦が迎撃した。七月二十日に氏政が相模国須賀湊（平塚市）の船主らに麦一三〇俵を伊豆国熱海（静岡県熱海市）に海船で届けさせた。伊豆方面に在陣中の軍勢への兵糧補給であろう。八月九日には武田勝頼の主力八〇〇〇騎ほどが伊豆国韮山城（静岡県伊豆の国市）に襲来し、城下の外宿（城下の端にある宿場町）まで攻め込んで北条氏規・氏忠兄弟と戦ったが撃退された。信玄の本隊は黄瀬川（静岡県沼津市）に陣取っていた。

元亀二年正月三日に武田信玄は、駿河国深沢城（静岡県御殿場市）の北条綱成に矢文（矢に結びつけた手紙）を送り、開城を促した。北条氏政は救援に駆けつけたが間に合わず、十六日に同城は武田方に降伏して開城し、綱成は小田原城に帰還した。三月十一日には氏政は相模国津久井衆の井上・野口遠江守に、深沢城への防備として相模国河村城（山北町）・足柄城（南足柄市）の普請を命じた。三月下旬には信玄は駿河国から帰国していった。

同年四月に入ると、北条氏康が病に冒され重病になっていた。この頃には武田信玄は武蔵国北西部の秩父郡と駿河国駿東郡の二方面から北条領に侵攻し、北条勢をきりきり舞いさせていた。九月二十六日には信玄が武蔵国深谷領と藤田領に侵攻し、秩父郡へも進撃して郷村を荒し回った。小田原城の氏康の病は危篤状況に陥り、十月三日に五七歳で死去した。北条氏政への遺言には、上杉謙信との同盟は間違いであり、早急に信玄との同盟に戻すことと言い置いていた。即日に氏政は信玄に和睦を申し入れて謙信と断絶した。小田原城にいた今川氏真と正室早河殿は怒って小田原城から脱出し、徳川家康のもとに赴いている。越相同盟は三年にして崩壊し、以前の如く相甲同盟が復活した。

## 第四節　抵抗する農民と侍たち

### 打ち続く合戦と農民への負担

永禄四年（一五六一）三月の上杉謙信の小田原城攻めから、同十二年十月の武田信玄の小田原城攻めを経て、元亀二年（一五七一）三月の信玄との和睦までの一〇年は、北条氏の領国はまったく戦乱に明け暮れて、混乱と殺戮の巷であった。郷村の荒廃は目を覆うばかりであり、人々の困窮は、その極に達していた。

このような混乱の時代に、北条氏康・氏政父子は、どのような政策で郷村を治めたのか。それに対する郷村の民は、どのような対処をして切り抜けたのか。相模国に焦点を合わせて見てみよう。

永禄四年二月末に北条氏康は、武蔵国蒔田城（横浜市南区）の吉良氏朝に、上杉謙信の相模国侵攻が近いので吉良勢を三浦郡浦賀城（横須賀市）に移す予定を変えて、より安全な玉縄城（鎌倉市）に移らせた。その吉良氏の軍勢は、知行を持たない下級武士たちも引き連れ、せめて三〇〇人ほどは集めることと指示した。在郷の農民上がりの農兵たちも集められたと想像される。三月八日に北条氏政は相模国中郡大山（伊勢原市・秦野市）の郷民に、上杉勢が相模国中筋に侵攻して来るので、大山の守備につかせ、侍衆は兵糧を敵の手の届かない所に集めておくことと命じた。もちろん、山伏も兵員として活用された。

**浦賀城址**　横須賀市東浦賀町

永禄六年八月に北条氏政は相模国東郡田名郷（相模原市中央区）に、上杉謙信との戦いで戦費が嵩んだので、基本三税の一つの反銭（田の耕作税）を一・五倍に増加して郷村に賦課し、戦費の補充に宛てた。戦乱と飢饉にあえぐ郷村民の負担は増すばかりであった。この増徴は北条領の全郷村に賦課されている。さらに郷村民には、荒廃した寺社の修築の費用と労働力を提供する負担も負わされた。翌年四月二十日には、北条綱成が相模国金子（大井町）西明寺の修理を在郷の農民に命じ、今後は毎年修理を行うことと命じられた。同寺は綱成の菩提寺である。

郷村の人足役は陣夫のほかに「大普請役」という郷高二〇貫文に一人の割で賦課された人足役が課されていた。城や河川の堤、道の修復などに使役された。年一人一〇日の出役と決まっていた。出役のない年は、代わりに一人分で八貫文を納める規定である。また、臨時の人足役も多かった。永禄十二年三月には北条氏が田名郷に、人足四人と馬四頭の出役を命じ、小田原城から伊豆国西浦（静岡県沼津市）まで駄物八俵を届けるように命じている。臨時の役務であった。同年七月には北条氏康が箱根山中の道に、滑り止めのために箱根竹一〇〇束を敷き並べる人足役を伊豆国桑原郷（静岡県函南町）に箱根竹と人足ともに賦課している例すら見られる。

このほかに臨時の人足役としては、城郭の修築工事に五年に一度出役するものが三通の文書に見られる。武田信玄の侵攻を予想して、相模国玉縄城の塀の修築工事の施工について詳細に記述されているので、のちに「人足役と城郭普請」の項で詳述したいが、抵抗する農民の一例としてここでも述べてみよう。永禄十二年七月の北条家朱印状写では武蔵国戸部（横浜市西区）農民に、五年に一度は玉縄城の塀の覆い筵の縄の結び直しをすることを命じられた。塀の長さ一間について四人が必要で、戸部郷には塀三間分を割り当てられたので、合計一二人が出役した。これは毎年の大普請役の内と決められた。現場監督は北条康成（のちの北条氏繁）が務めた。もしも出役しなければ農民を死罪とする厳しい規定であった。このように厳しい通達でも、台風や大雨のために破損する塀では、その度に臨時の出役を懸けられる郷村民への負担は重く、定期の修築工事に出役しない郷村が少なくなかったものと思われる。死罪にすると脅し言葉を述べなければならない北条氏も苦しい立場であった。

## 人足役と城郭普請

大普請役の史料で一番に多いのは、城郭の修築に関するものである。その内でも北条氏の本城である小田原城の修築に関するものが、飛び抜けて多い。永禄九年（一五六六）六月には、北条氏政が相模国西郡郡代の石巻家貞に、西郡の各郷村から合計一二二五人の人足を徴用して、鍬ともっこを持参させ小田原城の普請工事に従事させた。もしも、欠勤した者が出た場合には、罰則として一〇日間の倍の日数を働かせる規則であった。同十二年八月には、氏政が相模国徳延（平塚市）農民に大普請人足三人を賦課し、七日間の小田原城の普請工事に使役した。この時は臨時の普請役で、多分、武田信玄の来攻を意識したためと思われる。この場合でも欠勤した場合には五日の追加使役を課していた。同年十一月末には氏政が相模国東郡田名郷（相模原市中央区）・磯辺郷（相模原市南区）の領主の神尾善四郎と野口遠江守に、両郷で合計七人の人足を徴用し、月末に小田原城下の柳小路に集合させ、一〇日間を使役した。もしも、一人でも欠勤すれば、罪科普請として一日について五日の増加普請を課している。東郡は玉縄城の支配領域であるが、武田信玄の駿河侵攻での緊急事態の対処として賦課されたのである。この時の命令書には、苦労ではあるが北条氏の本国領である伊豆・相模・武蔵の全郷村の寺社領も含めて人足役を賦課したと、緊急事態への対応を説明している。東郡の郷村民は玉縄城と小田原城の双方の城郭普請に出役する負担を負わされたのである。元亀元年（一五七〇）二月には氏政が、中郡虫窪郷（大磯町）の人足二人に小田原城の普請役を命じ、追加して駿河国深沢城（静岡県御殿場市）への兵糧米を運搬する役も命じた。深沢城は武田領の中に築かれた北条方の最前線の城で、信玄が攻略しようと狙っていた城であり、周囲を武田勢が包囲していた時である。その城に兵糧米を搬入するのは危険この上もない役務であった。

小田原城以外の相模国関係の城郭への人足徴用の状況も、史料に見えている。永禄十二年二月には、北条氏政が相模国津久井料の内藤氏家臣の野口・矢部・井上各氏に、今は津久井城（相模原市緑区）の普請中で、内藤綱秀の家臣らも昼夜の普請に専念していると述べている。この文言から北条氏では、家臣である侍衆にも普請道具を持たせて城普請を命じていたと知れる。津久井城は武田信玄の領国と接する国境の城であった。同年四月末には氏政は、石工一〇人を徴用して相模国足柄城（南足柄市）に派遣しており、石垣の造営に従事させた。元亀二年三月には氏政が内藤家臣の井上・野口両氏の知行地である磯辺郷の大普請人足に、駿河国深沢城が信玄に開城したので、箱根峠の要塞地帯である河村城（山北町）と足柄城の普請を命じた。この普請では去年の大普請役の一〇日間の使役日数を使い切っていたため、今年の役は五日を追加したと説明した。戦乱時の郷村では、このように普請役は増加し、郷村民の苦しみは増すばかりであった。氏政の家臣への負担も増していった。同年三月の岡本政秀に宛てた氏政の命令書では、城普請に政秀の家臣が苦労しているため、五間分の棟別銭を免除して救済している。侍らにとっても普請役は苦労の種であった。

### 農兵の徴用

武田信玄の相模国侵攻には、いま一つ見落としてはならない北条氏の新規の施策が存在した。郷村農民の兵役義務の執行である。通説では豊臣政権の成立まで、戦国大名の兵農分離は行われなかったと言われている。戦乱の激化が進んだ永禄・元亀・天正の頃（一五六〇〜九〇）にも、農民は田畠の耕作に従事し、武器をもって合戦場に赴くことは原則的には認めはしなかった。しかし、臨時の補充要員として近在の城などに留守部隊として籠城させることはあった。また、出陣する軍勢には、ほとんどの場合、中間・小者と言われる農民出の者が随伴している。彼らは武器も持たず、主君の馬の口取り役か、世話係として従軍したにすぎなかった。合戦が始まると中間・小者は戦場から離れて安全地帯に控えていたのである。

しかし、武田信玄が相模国に乱入して小田原城を攻めた永禄十二年（一五六九）の暮には、北条氏は兵員不足を理由に、積極的に郷村農民を徴用して農兵として仕立てる政策を打ち立てた。その政策は「人改め令」と呼ばれている。つまり、郷村の農民らの人口を調査させ、兵役に適した壮健な青年男子を摘出し、北条氏にその名簿を提出させるものである。しかも、在城の間は兵糧米を支給すると約束した。普段は米食に飢えている農民には、たいへんな魅力として映ったことであろう。戦乱と飢饉の時に発した北条氏の飴である。その上、氏政は農兵に懸命に働いた者には望みの褒美を与え、もしも、この名簿に記載漏れになった者でも、申告すれば大忠節であるから田畠を与え、応分の褒美も与えるであろうと約束した。それほどまでに、武田信玄との決戦には軍勢が不足していたのである。この兵員不足については、永禄四年の月日未詳の北条氏康の書状にも、上杉謙信の相模国乱入で侍や郷村民が退転して逃げ散り、兵員不足でどうすることもできないと嘆いたことでも明確にわかるのである。

武田信玄の再度の相模国侵攻が懸念される元亀元年（一五七〇）二月末には、北条氏政は高岸某に、このたびは武田勢が来襲することは確実と予想されるので、人改めをして確認された郷村の武士らは、北条氏の領国を守るために軍役を務めさせる。軍役を務めた者には、望みの知行を宛行うであろう。兵糧も与えるから虎朱印状で陣触が発せられたら、一日も遅れることなく参陣すること。このような乱世には領国を守るために走り回ることこそ、武士の使命である。もしも、参陣を拒否する者は、即時に成敗すると厳しく通告した。担当奉行は二見右馬助・松井織部助・玉井孫三郎と見える。彼らは相模国中郡郡代の大藤政信の家臣と思われ、中郡の郷村にいた、知行を持たず主君のいない下級武士や野武士を軍勢に編入するための命令書である。この時の命令書は、相模国中郡今泉郷（秦野市）にも同文で出されており、担当奉行は横地助四郎・久保惣左衛門尉・大藤政信代官の横溝太郎右衛門尉とある。これらの郷村に三人の担当奉行を宛てて、在郷の武士を調査させたものとわかる。当文書は北条氏領の内の伊豆・相模・武蔵国南部の、いわゆる本国領の全郷村に発給されたと想像される。

元亀二年三月初旬に北条氏政は、武蔵国戸部郷（横浜市西区）に再度の人改め令を発した。武田信玄の相模国侵攻が予想されるので、戸部郷の男子はこぞって兵役に付くことを命じた。農民を農兵として近在の城に留守部隊として籠城させる内容である。「御国にある役を一回に限り務めよ」とあって、農兵の出役を北条領国の者の義務と規定して通達している。希望者の軍役でなく、農兵の出役は義務と決められたのである。この時の宛所は戸部郷の小代官・名主となっており、本文には、もし当郷で農兵に出す者を一人でも隠して後に発覚した場合には、小代官と名主を死罪にすると厳命した。小代官と名主は、当時の郷村の農民の人改め（人口調査）の責任者で、武士の人改め役は郡代配下の下級武士が務めていたと理解できる。

第四章

# 北条氏直と徳川家康・豊臣秀吉

小田原城御用米曲輪発掘調査現場　平成25年11月　小田原市城内

## 第一節　北条氏政との二元政治

### 第四代当主の氏政の実力

元亀二年（一五七一）十月三日に北条氏康が死去した。ここに氏康と北条氏政との二元政治は終わりを告げ、氏政の単独政治が開始され、天正五年（一五七七）九月まで続いた。その間の北条氏の歴史を主に、その周辺の状況と、氏政の領国支配を相模国中心に述べてみよう。

元亀二年十月には北条氏政は、北条氏康の遺言を守って武田信玄との同盟に踏み切り、氏康の死去した日の十月三日に同盟交渉を開始した。十二月中旬には締結し、武田勢の相模国侵攻は停止された。逆に十一月十日には上杉謙信との同盟は破棄され、再び謙信との抗争が上野国から房総方面で展開された。信玄と氏政との同盟規約には、信玄は関東八か国のことには介入せず、西上野だけは以前からの信玄の領国と認め、氏政は干渉しないと決められていた。元亀二年十二月には甲相同盟が締結されたので、今川氏真は駿河国の家臣への支配を停止し、完全に大名支配を放棄した。翌年閏正月四日には謙信が上野国に侵攻し、武田方の石倉城（群馬県前橋市）を攻略し厩橋城に帰る。二月には相模国玉縄城の北条氏繁が、武蔵国岩付城の当番衆を務めた。天正元年四月十二日に信玄が信濃国で死去し、跡は嫡男勝頼が継いだ。二十四日には謙信が小田守治に、徳川家康と織田信長が同盟して信玄と断交しており氏政も困っていようと伝えた。六月下旬には武田勝頼が北条方の大藤政信（父と同名）に、父政信が武田方として遠江国二俣城（静岡県浜松市天竜区）で討ち死にした忠節を悼み、香典を贈った。七月下旬には氏政と北条氏照が下総国関宿城（千葉県野田市）の簗田晴助を攻め、第三次関宿合戦が起こる。同二年初頭には氏政・氏照の関宿城攻めが激化し、晴助を支援する里見義弘・佐竹義重もいかんともし難くなっていた。同城は天正二年閏十一月末に氏政が陥落させた。この間も謙信の関東越山は間断無く続いたが、関宿城を救援することはできず、越後国に帰国していった。

天正三年九月二十一日に再び越山した上杉謙信は、同年十一月九日に越後国に撤退し、その後は二度と関東への越山は行っていない。ここに謙信と北条氏との一五年に渡る抗争は完全に終息したのであった。その後も北条氏と武田勝頼は同盟を続けていた。

その頃の相模国の状況は、元亀三年四月中旬に相模国久野城（小田原市）の北条宗哲が息子の北条三郎（もと小机城主）の菩提寺である宝泉寺（小田原市風祭）に、境内の制札の立てる場所を絵図面で示した。立てる場所三か所に自己の朱印を捺印している。奉者は大草丹後守康盛で、もとの小田原城台所奉行の大草康盛である。五月中旬に北条氏政が、小田原城下の松原神社に人足一〇〇人で城下の掃除を命じ、今後は毎月の日を決めて小田原城下の掃除役を行わせた。同月には氏政が松原神社（小田原市本町二丁目）別当に境内の掃除役を命じ、検査官に岡本政秀を任命した。永禄十二年九月の武田信玄の来襲で小田原城下が荒廃したための整備であろう。九月初旬には氏政が箱根湯本山（箱根町）の材木を底倉村（箱根町）のきこりに伐採させ、小田原城の櫓建設の部材とした。

元亀三年十二月中旬には北条氏政が、相模国当麻（相模原市南区）に以前の如く無量光寺の修築用材の伐採を上溝・下溝・淵野辺・矢部・田名の原野で伐採させた。武田勢の通過した相模川流域の郷村の復興が始まっている。天正元年十月には北条氏照が座間郷（座間市）星谷寺の奉行に、千部読経法会の間は見物衆の不法を禁止させた。十二月には北条氏政が、相模国煤ヶ

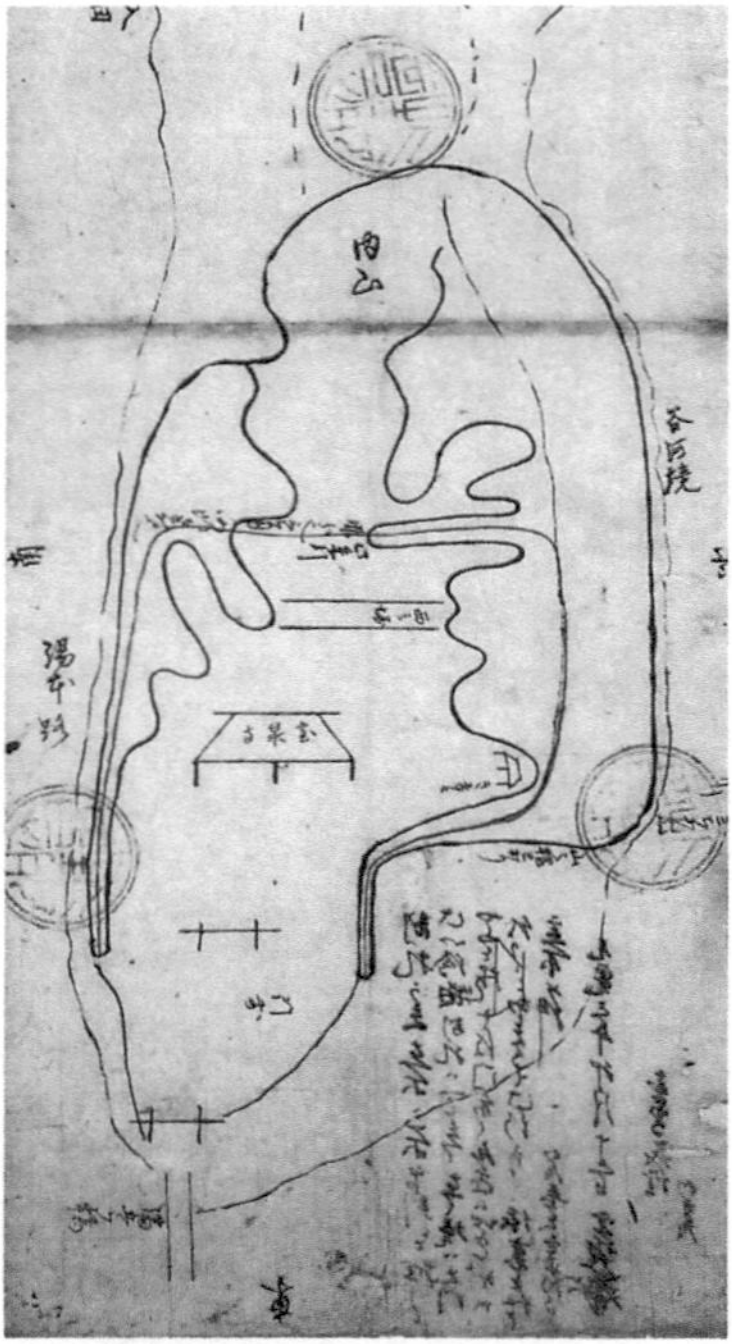

**宝泉寺寺領図**　小田原市風祭・宝泉寺蔵
神奈川県立歴史博物館提供

谷（清川村）から小田原城まで炭五〇俵を伝馬で届けさせた。翌二年正月下旬に氏政が、相模国須賀湊（平塚市）の管理者の田中・清田両氏に、小田原城の建築部材の木材を津久井（相模原市緑区）・七沢（厚木市）山中から伐採して相模川を流下して須賀湊に集めさせた。相模川水運も復活している。

天正二年八月十七日に北条氏政が、鎌倉の東慶寺領の相模国野庭郷（横浜市港南区）・前岡郷（横浜市戸塚区）に年貢の納法と陣夫の配分を指示した。閏十一月中旬に氏政が下総国関宿城を攻略し、戦勝祈願の謝礼として鶴岡八幡宮に剣、玉縄城の北条氏繁が雲盤（仏前にそなえる雲形の打楽器）を寄進した。ここに古河公方足利義氏が完全に北条氏の傀儡政権となり、北条氏照が後見人となる。

天正三年三月には北条氏政が、相模国の石工善左衛門父子を領国内の石工棟梁に任命した。三月下旬に氏政が北条氏忠に、相模国新城（山北町）に城掟を出して当番衆の管理を厳重にさせる。五月中旬に氏忠が江ノ島（藤沢市）岩本坊に、刀を寄進して武運長久を祈願させた。これらは上杉謙信の越山への対応か。

同年八月には北条氏政は、下総国に侵攻して里見義弘を攻め、玉縄城の北条氏繁も玉縄衆を率いて相模国三浦口から東京湾を渡海して房総に上陸した。九月には敵対する酒井胤治を攻めた。この房総での戦乱は十月に氏政と里見義弘が協議して停戦し、氏政が帰国して終息した。

十一月九日には上杉謙信が上野国赤堀（群馬県伊勢崎市）から越後国に帰国し、玉縄衆も相模国に撤収した。

天正四年二月中旬に北条氏政が、鎌倉の番匠源次三郎ほか五人の番匠衆を小田原城に集めて建物造営を行わせた。この月には京都の公家の飛鳥井重雅が小田原城内に蹴鞠の庭を設えた。この頃には京都では、織田信長が将軍足利義昭と不和になり、毛利輝元と義昭が協力して武田勝頼・氏政との同盟に踏み切り、氏政と信長とを断絶させる動きが起こった。つまりは織田信長への包囲網の形成であった。翌五年正月二十二日に武田勝頼が氏政の妹桂林院殿と婚姻し、相甲同盟の強化となった。この二年前の天正三年五月二十一日に、勝頼は三河国長篠（愛知県新城市）で織田信長に大敗しており、その後処理に躍起となっていた。勝頼は徳川家康とも抗争していた。この頃には上杉謙信は越中国に目を向けており、関東のことには一切干渉していない。

## 小田原城の評定衆たち

天正三年（一五七五）暮に入ると、上杉謙信の関東越山がなくなり、房総方面での里見氏との抗争は続いてはいたが、相模国では、比較的に静謐な状態がやってきた。その平和は同六年三月十三日に謙信が死去するまで二年半の間続いた。この間の相模国の状況を述べてみよう。

天正四年四月末に北条氏政が、相模国大井郷（大井町）の番匠勘解由と石巻康敬の同心斎藤氏との相論（相手と争うこと、いさかい）に裁許した。同日に氏政が中村氏の相論にも裁許した。評定衆はともに山角康定が務めた。

ここで評定衆の筆頭の山角康定を紹介しておこう。山角氏は二階堂氏の出で、戦国初期に二階堂定澄が山城国（京都府）宇治山角村に住んでから山角氏を名乗った。定澄が北条早雲に仕えて伊豆国に入り、早雲のもとで伊豆代官を務めた。定澄―定吉―康定―定次―定吉と続いた。康定は官途を四郎左衛門尉、受領は上野介を称した。北条氏康の側近家臣として活躍し、氏康の一字を拝領して小田原城の重臣に昇格した。評定衆・奉者・伊豆代官のほか、小田原城の近衛師団である御馬廻衆の統率者でもあった。家臣は三〇〇騎の侍大将である。『小田原衆所領役帳』〈御馬廻衆〉の筆頭に見え、知行地は相模国中郡北矢奈（秦野市）で一四〇貫文のほか、伊豆国内で六〇貫文の合計二〇〇貫文であった。文書には永禄九年八月に初見され、以後は伊豆代官らしく、伊豆関係の施策に関する文書に多く登場している。相模国関係では、元亀三年（一五七二）三月に鎌倉の寺に関する相論に評定衆を務めている。以後は北条家裁許朱印状に評定衆として多出し、小田原城での評定会を狩野泰光とともに指導した。

天正十年二月の織田信長による武田勝頼攻めには、山角康定は北条氏直に織田方として参陣し、伊豆国方面から駿河国に侵攻するのがよろしかろうと進言している。康定はまた、徳川家康とも外交交渉して、家康の娘督姫と氏直との婚儀に仲介者として働き、同十四年三月の北条氏政と家康との会合の席で、家康から謝礼として刀・薙刀を贈呈されている。以後も評定衆として活躍し、同十八年の小田原合戦では、相模国新城（山北町）城将の北条氏忠の奉行人を務めた。死没年は不明で、家督は弟定次が相続した。

山角康定に関しては、歴史学界で著名な裁判話を紹介する必要がある。それは天正十四年三月に相模国当麻宿（相模原市南区）の利権に関する、関山通定と落合三河守との相論である。当麻宿の宿頭人同士の落合氏が関山氏に対して起こした宿場騒動の訴訟で、裁判は落合氏は小田原城の評定衆に知り合いがないので評定会では不利で、関山氏は山角康定と懇意なため有利に展開した。結果として関山氏が勝訴した。双方の訴状と弁明書と結果通知書が残っており、北条氏の評定会のやり方が詳細にわかる事例として貴重な文書群（関山文書）である。落合氏も関山氏もともに当麻宿の宿頭人で、流通商人として問屋を営み、伝馬役も務めていた。また、武士としても活躍し、特に関山氏は北条早雲の頃から武蔵国方面への飛脚役を務めていた。落合氏も関山氏もともに、中郡郡代であった大藤氏の家臣として合戦に参加するという、多面性を持った在地の土豪であった。

北条家朱印状には裁許状（訴訟の判決文書）と名付けた文書が、天文二十四年を初見として五三通が確認されている。虎朱印状の年月日下に評定衆の署名と花押が副えてあり、それと判別できる。北条氏では評定会は、月二回、本城の小田原城で当主のもとに開催され、支城では開催された形跡はない。評定衆として登場するのは、山角康定をはじめ、石巻家貞・石巻康保・笠原綱信・笠原康明・狩野泰光・依田康信・垪和康忠の八人にすぎない。その内でも山角康定は天正三年を初見として一五通が確認され、評定衆の筆頭に位置していた。裁許状は不思議と天正二年九月から同五年四月までに一二通が集中しており、その内の五通は山角康定が評定衆を務めていた。山角康定に次いで回数の多いのは狩野泰光で、依田康信がそれに続く。ここに見える評定衆の内では、山角康定をはじめ、石巻康保・笠原康明・依田康信・垪和康忠の五人が、北条氏康の一字を拝領した側近家臣の集団から出ている者であった。つまり、小田原城の評定会は、氏康の時代に確立し、次の北条氏政の時代には恒常化した組織で、その完成は天正四〜五年の頃であったとわかる。

### 小田原城の奉者たち

天正四〜五年（一五七六〜七七）の評定会確立と同じ頃に、北条家朱印状にも大きな特徴が現れる。それは北条家朱印状に奉者が多出してくることである。奉者とは、北条家朱印状の内容について、受けた者が疑問を持ったり、意見が生じた時に奉者を通して小田原城の当主に聞ける、取次の担当者のことである。月日の下に奉者名と「これを奉る」と脇に書いているので判別できる。北条家朱印状には天文二十一年（一五五二）までは奉者はほとんど見られないが、以後は奉者がしばしば登場している。特に天正元年から六年にかけては、その登場数が多く、北条家朱印状の八割に登場してくる。評定会が確立したのと同じ頃に、小田原城内の担当部局が確立し、担当案件の部屋別の事務的処理が可能になり、責任担当者が決められていった。滝山城の北条氏照、鉢形城の北条氏邦、三崎城の北条氏規らの北条一門の支城主の朱印状にも奉者が登場するから、各支城でも管理体制が確立していた。

ここでは、特に天正初年から六年にかけての北条家朱印状に見える、相模国関係の奉者を摘出し紹介しておこう。人足関係の安藤良整、岡本氏関係の海保入道、星谷寺（座間市）関係の江雲、北条氏規関係の間宮政光、千津島関係の関信濃守を摘出できた。この中で海保入道・江雲・間宮政光の三人を紹介してみよう。

海保入道は入道名を長玄と称し、実名は未詳である。上総国海保郷（千葉県市原市）の国衆の出と伝え、長玄が北条氏康・氏政に仕えた。文書での初見は元亀二年（一五七一）六月で、この時にはすでに小田原城の奉者を務めている。以後は天正十五年まで一五通の北条家朱印状の奉者として見える。ほかに同年七月から北条氏政朱印状の奉者として登場することから、隠居した氏政の奉者として転出したとわかる。相模国吉岡郷（綾瀬市）領主の岡本政秀への二通の北条家朱印状の奉者も務めた。この一五通には嫡男と推定される海保新左衛門の奉者文書も含まれている。

江雲は実名が不明な人で、入道名であろう。「浅羽本系図」の遠山系図に関紅雲という人が見え、紅雲が江雲との説もある。天正三年三月の相模国星谷寺別当宛の北条家朱印状の奉者として初見し、同十六年三月まで一六通の北条家朱印状の奉者を務めた。天正元年十二月の北条家伝馬手形に相模国煤ヶ谷（清川村）から炭を伝馬で小田原城に送る時の奉者にも初見し、以後は五通の伝馬手形の奉者に登場する。同二年八月には鎌倉の東慶寺領の検地書出には安藤良整・板部岡江雪斎らの四人の奉者の一人として見え、小田原城の重臣に名を連ねている。天正十四年六月の相模国当麻宿（相模原市南区）の宿場相論の裁許には被告の落合氏の弁明書を受けている。年未詳正月の相模国江ノ島（藤沢市）へ書状を出して岩屋の遷宮の祝儀に太刀と馬を寄進した。文禄三年（一五九四）三月に死去。菩提寺は埼玉県川越市の行伝寺。

間宮政光は入道して宗甫と号し、文書には宗甫としか見られない。弘治三年（一五五七）九月の北条家朱印状に奉者として初見し、天正十七年末まで一八通の奉者を務めた。文書では天文二十一年十二月の大道寺周勝書状に初見し、鎌倉円覚寺の正続院の岩蔵（僧侶の籠った岩穴）の所属に関する相論に登場している。『小田原衆所領役帳』〈御馬廻衆〉に見られ、鎌倉紺屋分で六貫文のほか、合計三四貫文と知行高は低い。小田原城での奉行を務めていた関係で諸役を赦免されていたためか。同書の小田原衆の松田筑前守の項には、鎌倉の下小坂の知行分は役御免で、御奏者は宗甫とあり、小田原城の筆頭家老の松田憲秀の一族に属した官僚であったと判明する。永禄八年五月の北条家朱印状の上包み紙に「間宮豊前守政光、入道して宗甫と号す」とある。入道以前には受領を豊前守、実名は政光としている。鎌倉の寺院関係の北条家朱印状の奉者が多く、鎌倉の寺奉行を務めていたらしい。年未詳六月の宗甫文書では、鎌倉の円覚寺正覚院に雨乞いを依頼した。ほかに伝馬手形の奉者も務め二通が確認され、それも鎌倉関係である。

### 各支城の奉行衆たち

天正元年（一五七三）頃には、北条氏政の兄弟である武蔵国滝山城（東京都八王子市）の北条氏照、鉢形城（埼玉県寄居町）の北条氏邦、相模国三崎城（三浦市）の北条氏規らの支城支配が十分に機能していった。彼ら三人は支城支配専用の朱印判を捺印した朱印状を支配領域内に発給し、小田原城と同様に月日の下に奉者名を記していた。その奉者は元々は小田原城の御馬廻衆に属した当主の側近家臣が多く、兄弟衆が支城の城主として転出する時に従って、その側近家臣となる場合が多かった。彼らは小田原城の施策を熟知していたから、支城支配にとっても都合のよい存在であった。

北条氏照の支城支配は永禄二年（一五五九）末から、北条氏邦は同四年から、北条氏規は同十年からすでに開始されていた。氏照の朱印には永禄二〜十二年まで大型朱印、以後は小型朱印が捺印されている。その奉者は、前期は横地吉信・布施景尊・藤曲某・設楽某・近藤綱秀、後期には狩野一庵宗円・大石照基・由木左衛門・中島大蔵丞らが見える。

北条氏邦は三山綱定・猪俣左衛門尉・依田大膳守・諏訪部主水助・桑原右馬助・猪俣邦憲・斎藤定盛・奥采女正《おくうねめのしょう》らが見える。

北条氏規は南条昌治・朝比奈泰寄・岡部和泉守・長谷河九郎左衛門尉・山中康豊・井出正内らが奉者として見える。

ここでは北条氏照の奉者の横地吉信・布施景尊を、北条氏邦の三山綱定・猪俣邦憲を、北条氏規の南条昌治を紹介しよう。

横地吉信は元は北条氏康の家臣で、小田原城の御馬廻衆に属した。官途は監物丞を称した。北条氏照の滝山城領支配に初期から加わり、初見は永禄二年十一月の氏照朱印状に奉者として見え、七通の氏照朱印状に奉者を務めた。年未詳四月の吉信書状で鶴岡八幡宮に初穂銭を寄進した。小田原合戦に八王子城で豊臣方の北国勢に攻められ討死にした。

布施景尊は幕府奉公衆の布施為基の子孫で兵庫大夫が北条氏康に仕え、景尊はその嫡男。官途は刑部少輔、受領は美作守を称した。北条氏照に配属され、氏照の持城の栗橋城（茨城県五霞町）の城代を務めた重臣である。天正七年四月の氏照朱印状の奉者を務め、以後は四通の奉

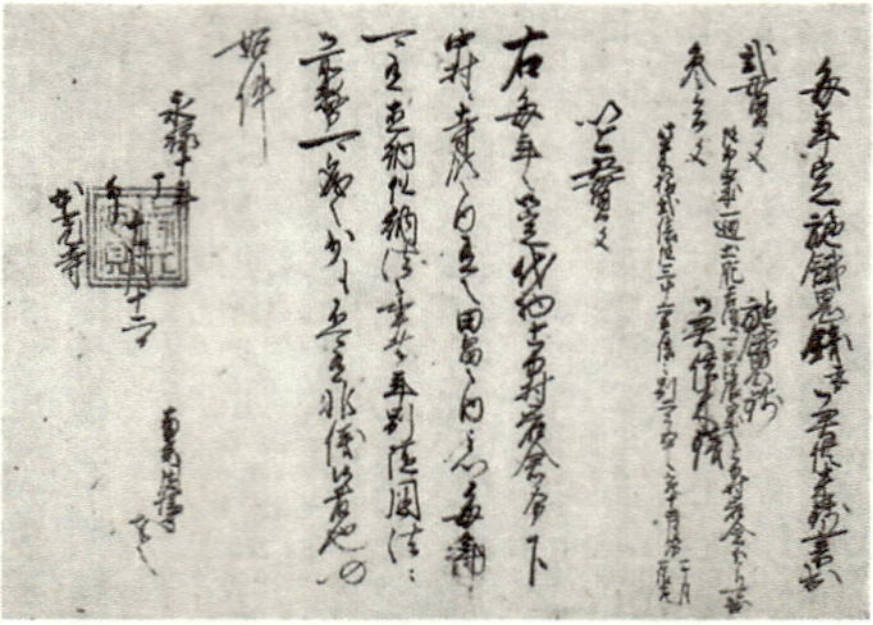

**北条氏規朱印状**（南条因幡守之奉）　永禄10年10月
本光寺文書　神奈川県立歴史博物館蔵

者として登場する。古河公方足利義氏と氏照との連絡役でもあった。

三山綱定は武蔵国秩父郡三山郷（埼玉県小鹿野町）の土豪で、北条氏邦の支城支配の初期から参加した。官途は五郎兵衛。初見は永禄七年六月の氏邦朱印状で奉者を務めた。元亀二年五月まで二二通の氏邦朱印状の奉者で見える。以後は文書にまったく登場せず、北条氏康の死去した同年十月に隠居したと推定される。関係文書はすべて武蔵国関係である。

猪俣邦憲は北条氏邦の宿老で、はじめは富永助盛と名乗る。受領は能登守。上野国箕輪城（群馬県高崎市）、のち同国沼田城（同県沼田市）城主となる。天正七年四月の氏邦朱印状が奉者の初見で、以後七通の奉者を務める。沼田城主の時の天正十七年に対岸の名胡桃城（群馬県みなかみ町）を攻略し、豊臣秀吉の関東・奥両国惣無事令に違反したとして激怒を買い北条攻めとなり処刑された。

南条昌治は官途を玄蕃助、受領は因幡守を称した。相模国玉縄城主の北条為昌に仕え、為昌の昌の字を拝領した側近家臣。のち北条氏康に配属され、家老で相模国三浦郡の郡代を務めた。『小田原衆所領役帳』の本光院殿（北条為昌）衆に見える。永禄元年の足利義氏の鶴岡八幡宮への参詣時には奉行を務めた。同七年に北条氏規が駿河国から帰国すると氏規に仕え、同八年正月の氏規朱印状の奉者を初見とし、天正十一年七月まで九通の奉者を務めた。内容は三浦郡の関係が多い。永禄十年二月には氏規が相模国田津（横須賀市）の永島正氏を葛網の責任者に任命した時の奉者。同年十月に小田原城内の本光寺に為昌の菩提料を氏規が寄進した時の奉者。元亀三年九月に氏規が三崎の法満寺を昌治の陣屋として三崎城内に取り込むと決めた時の奉者などを務めた。のちに小田原合戦では上野国館林城（群馬県館林市）に籠城し豊臣勢と戦った。

## 第二節　徳川家康との同盟

### 武田勝頼との戦い

天正六年（一五七八）三月十三日に越後国で上杉謙信が死去した。四九歳であった。謙信には実子がなく、養子の上杉景勝と上杉景虎（北条三郎）・上条《じょうじょう》義春がいた。謙信は急死したので、家督相続者を決めていなかったため、死去直後から景勝・景虎両人の間で家督相続争いが勃発した。この騒乱は越後国の国衆を二分する争いに発展する。春日山城（新潟県上越市）の本丸にいた景虎は三月中旬には景勝に追い出され、五月十三日に上杉憲政の居城の直江津の御館に移り、抗戦を続けた。そのため、この騒乱は「御館《おたて》の乱」と呼ばれている。

上杉景虎は実家の北条氏政を頼り、それに応えて氏政は同盟中の武田勝頼に参陣を求めた。天正六年段階では景虎に味方する越後国衆が多く、戦いは景虎側に有利に展開していた。しかし、翌年初頭に入ると景勝の勢力が力を増し、景虎側を圧倒しはじめた。降雪で三国峠を通行できないため氏政の援軍は届かず、御館は景勝側の兵糧攻めに苦しめられていた。孤立した景虎は武田勝頼の信濃国からの援軍に期待するはめに陥った。その勝頼は徳川家康との抗戦のことも影響して、景勝に味方する政策変更に踏み切る情勢となり、天正七年二月十七日には勝頼と景勝が同盟してしまった。劣勢に追い込まれた景虎は三月に御館を攻略され、逃亡する途中の鮫ヶ尾城(新潟県妙高市)でも城主に離反されたため、二十四日に同城で自刃した。この結果、九月に氏政は勝頼との同盟を破棄して敵対関係に入る。

武田勝頼は織田信長や徳川家康とも敵対していたから、北条氏政は信長との接近を計り、家康とも九月五日に同盟した。仲介者は徳川家臣の朝比奈泰勝で、その後も北条氏と徳川氏との交渉役を務める。信長との交渉は北条氏照が担当し、九月中旬には交渉を開始した。この情勢に対処して勝頼は、反北条氏同盟の佐竹義重・結城晴朝・太田資正と同盟して氏政との抗争を展開してゆく。一月には武田方の真田昌幸が上野国沼田領（群馬県沼田市）へ侵攻して周辺の各城を攻略した。

天正八年三月九日に北条氏政の使節の笠原康明と北条氏照の使節の間宮綱信が、徳川家康を仲介として近江国安土城（滋賀県安土町）の織田信長のもとに派遣された。武田勝頼を東西から挟撃する作戦計画の交渉であった。この時に使節の両人は安土城を案内されて見物した。関東ではほとんど見られない石垣を多用した築城方法や、城下の家屋の不燃性の建造方式に感銘を受けた両人は、帰国すると氏政に報告した。氏政は小田原城下の大通りに面した家屋の造りを改めさせると共に、重要な北条一門の支城には、土塁の代わりに石垣を築かせて、耐久力を持たせる城の構築を推進させた。北条氏照の八王子城や北条氏邦の鉢形城では、立派で壮大な当時の石垣が発掘作業で出土し、復元されている。

天正八年には北条氏と武田氏との激戦が、上野国方面と伊豆・駿河国方面で展開され、北条氏政も伊豆国から駿河国駿東郡方面に出馬することが続いた。北条氏照も下総国方面に出馬した。六月には勝頼が佐竹義重に、東海方面で徳川家康との抗争が激化しており、関東に出馬するのは困難と告げるに至り、この頃には武田勢の疲れが周辺に露顕することとなった。七月には房総の里見義頼が勝頼を離反して、北条方に従属した。八月に入ると家康が、遠江国の武田方の拠点である高天神城（静岡県掛川市）を攻囲し、同九年三月末に陥落させた。勝頼にとって高天神城の失陥は手ひどい打撃となり、遠江国から武田勢は退去する結果となった。

天正八年八月十九日に北条氏政が隠居し、嫡男氏直が家督を継いで第五代当主となった。氏直は一九歳と若かったため、氏政は隠居身分のまま、氏直を後見する二元政治が行われた。北条氏康と氏政の時にも二元政治が行われているから、二度目のことである。

北条氏直画像　箱根町湯本・早雲寺蔵

## 北条氏直の信濃・甲斐侵攻

天正九年（一五八一）正月には武田勝頼は、織田信長の侵攻に備えて武田信虎以来の甲府（山梨県甲府市）の武田館を廃止して、韮崎に新府城（山梨県韮崎市）を築いて、のち九月に移転した。それでも勝頼は三月には、佐竹義重を介して房総の里見義頼との同盟交渉を始め、北条氏直を攻囲する計画を推進した。徳川家康は遠江国から武田勢が退潮すると、五月には同国に侵攻し、席巻していった。十月には武田・佐竹・里見三者の間に軍事同盟が締結された。勝頼はあくまでも北条氏直を攻囲する計画であった。その月の二十七日に、突然、北条方の伊豆国戸倉城（静岡県清水町）の城代である笠原政堯が、武田方に離反した。政堯は小田原城の宿老の松田憲秀の次男で、伊豆郡代の笠原千松の陣代を務めていた。離反の理由は明確ではない。勝頼は狂喜し、氏直は愕然とした。その後、政堯は天正十年二月には、小田原城に帰されて謹慎させられていたが、同十八年の小田原合戦の最中に豊臣秀吉に内通して露顕し、処刑された。通説では、この事件が小田原城での松田憲秀の内通事件と誤解されて伝わり、憲秀を裏切者と宣伝する結果を生んだのである。憲秀も不幸な人であると言わねばならない。

それでも武田勝頼を取り巻く情勢は、不利になるばかりであった。天正十年正月末には武田一門の木曽義昌が織田信長に通じ、勝頼から離反した。その月晦日には北条氏邦が織田勢の武田領への侵攻を小田原城に通報した。信長と同盟した北条氏政父子は、早速に出陣の準備に取りかかり、氏邦に織田勢の詳しい動向を探り報告させた。二月五日から二十二日にかけて氏政は氏邦に一〇通余りの書状を出し、信濃方面の状況を詳しく探らせて報告せよとしつこく命じている。上方からの報告が一切なく、どの方向から甲斐国に侵攻して良いかが掴めないと嘆いている。この出陣の遅れが、のちに北条氏への不幸としてのし掛かり、小田原合戦の遠因となるのである。

織田信忠を先鋒として信濃から甲斐に侵攻した織田勢は、武田方を追い詰めていき、二月十九日には武田勝頼の正室の桂林院殿（北条氏康の娘）が武田八幡宮（山梨県韮崎市）に武田家勝利の願文を掲げた。二十一日には北条氏政が全軍に陣触れを発して駿河国に侵攻した。二十五日には武田一門の穴山梅雪が勝頼を離反するに至り、三月二日には信濃国の高遠城（長野県伊那市）が陥落した。三日には勝頼は抗戦を断念して、新府城を焼却し甲斐国東方に逃亡した。しかし、七日に小山田信茂が離反したので、都留郡の田野（山梨県甲州市）に至る。織田勢の滝川一益の軍に追撃され、この地で勝頼・正室桂林院殿と主従は自刃し、鎌倉期以来の名門の武田家は滅亡した。

武田勝頼を滅ぼした織田信長は、甲府に着陣して論功行賞を行った。しかし、駿河国に侵攻し甲斐国には侵攻しなかった北条氏政の行動を不忠として、氏政からの贈答品をつき返し、氏政には何の恩賞も与えなかった。のみならず、北条領の上野国は滝川一益に宛行われ、関東取次役も一益に与えられた。氏政は無念千万であったろう。確かに氏政の駿河国侵攻は、武田方に奪取された駿河国駿東郡の奪還であったから、信長から不忠と見られても仕方なかったのである。ここに、信長との軍事同盟の条件であった氏直の正室に信長の娘を迎えるとの約束も反故になってしまった。

このようにして織田信長の武田攻めは終息した。駿河国から小田原城に帰還した北条氏政父子は、上野国厩橋城（群馬県前橋市）に入った滝川一益に、一応は従属する風に見せておとなしくしていた。一益のもとに従属してくる関東の国衆の動向を観察していたらしい。

しかし、天正十年六月二日に京都の本能寺で謀叛を起こした明智光秀に、織田信長が討たれ織田政権が瓦解した。北条氏政父子は、徳川家康からその情報を得ると俄然、反撃を開始する。六月十一日に氏政が一益に書状を出し、なんでも相談して欲しいともちかけ、まずは安心させる。ついで、十五日には織田勢が退去して空き部屋になった甲斐国の国衆の渡辺庄左衛門尉に、甲斐国の国衆たちを北条方に味方させる工作を依頼した。十六日には、早くも北条氏直・氏邦が上野国倉賀野（群馬県高崎市）に出陣して一益と対陣した。十八日・十九日に上武国境の神流川河畔で北条氏直と滝川一益が合戦におよぶ。北条勢が勝利して一益は敗走し、本国の伊勢国に退去した。氏直は上野国の平定に乗り出し、ついで信濃国佐久郡に侵攻していった。

## 徳川家康息女を正室とする

天正十年（一五八二）六月に本能寺の変で織田政権が瓦解するや、甲斐国は武田氏の旧臣である国衆たちが、織田方の大名である河尻秀隆に謀叛を起こして殺害し、無主の国になっていた。信濃国も混乱の極みであった。信濃侵攻に当たって北条氏直は、二十五日に高島城（長野県諏訪市）の諏訪頼忠に協力を依頼し、北条氏照と氏邦を先鋒として信濃国佐久郡に侵攻させた。三河国の徳川家康も信濃・甲斐への侵攻を意識していたから、氏直と争奪戦を演じる結果となった。氏直は六月一杯は上野国の支配に専念していた。早くも七月初旬に家康が甲斐国に向けて侵攻したため、甲斐国の国衆を従属させるのに、遅れをとる結果となった。

同年七月十八日には信濃国の支配を完了した北条氏直は、甲斐国への侵攻を開始した。八月初旬には徳川家康が甲府（山梨県甲府市）に着陣し、十日には新府城（山梨県韮崎市）に入った。その頃には氏直も甲府近在の若神子に着陣し徳川勢と対陣した。

北条氏政は小田原城に在城して甲斐国の北条氏直に、作戦指導を伝えていたが、次第に甲斐国の国衆たちが、北条方を離反して徳川方に従属していく情勢に不安を抱いていた。そこで氏直への救援部隊として、相模国新城（山北町）城主の北条氏忠（北条氏康の六男）を甲斐国に侵攻させた。新城は相模国西郡に属したから、氏忠の軍勢は相模衆が主力であった。八月十二日に甲斐国都留郡に入った氏忠は、徳川方の鳥居元忠・水野勝成に黒駒（山梨県笛吹市）で捕捉されて合戦におよび大敗してしまう。その後氏忠は甲府盆地の南端の御坂峠に、御坂城（山梨県笛吹市）を築城して守っている。この御坂城には、房総の里見勢も加勢として籠城していた。佐久郡では相模国玉縄城主の北条綱成の軍勢が守備している。

北条氏直は徳川家康と甲斐国若神子で対陣したまま、周囲の状況は徳川方に有利に展開していく。八月十七日には北条氏政が房総の原胤栄に、氏直を救出しなくては北条氏の滅亡になりかねないと書状で嘆くほどの、危機的な状況となった。この日には信濃国の諏訪頼忠が離反し、真田昌幸も離反の動きを示し始めていた。九月に入ると家康は豊臣秀吉・柴田勝家らと結び、氏直を攻撃してくる危険性が出てきた。同月末には上野国方面に佐竹義重が侵攻してきた。義重と同盟する豊臣秀吉・柴田勝家らも北条氏直は、織田信長の生前には織田政権の一員であったが、その瓦解直後に離反して織田方に敵対した者であるから攻め滅ぼしてしまおうとの意見を持っていた。武田攻めの時に駿河国に侵攻していた行動が、いまになって不利な条件として表面化してきたと言える。

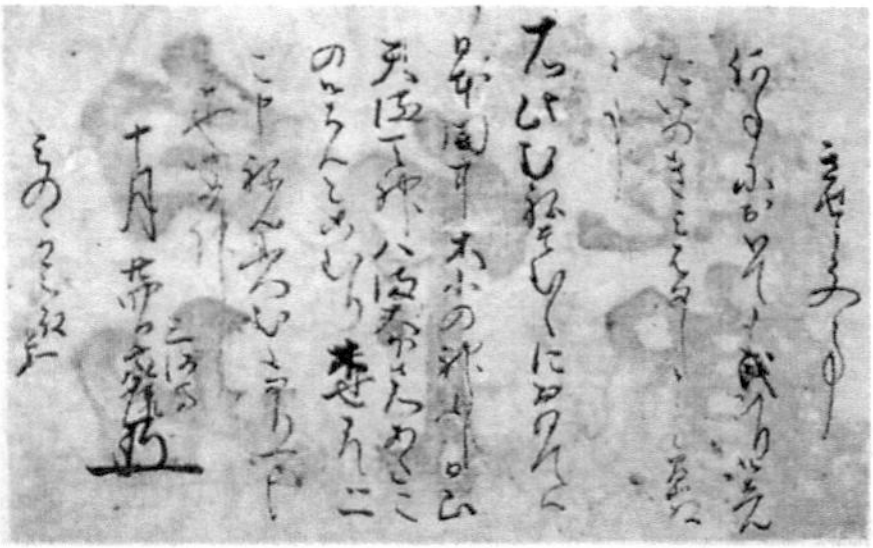

**徳川家康起請文**　天正10年10月　北条家文書　神奈川県立歴史博物館蔵

天正十年十月二十四日に徳川家康が伊豆国韮山城（静岡県伊豆の国市）の北条氏規に、和睦の交渉を開始し、和睦後は氏規の身分を神かけて保証するとの起請文を発した。これは筆者の想像ではあるが、多分、豊臣秀吉の指示であったのではないか。と言うのは、二十七日に京都の織田信雄からの注進で、近畿地方は動乱が激発しているから家康に北条氏直とは停戦し、和睦したらとの書状が家康に来ていたのである。同日に氏直と家康が和睦し、和睦条件を取り決めた。信濃国佐久郡・甲斐国都留郡は徳川領とする、上野国は北条領とすること、ただし、同国の沼田領は真田昌幸の領分とすることにし、代替地を家康から出すこと、氏直の正室として徳川家康の次女督姫を差し出すこととの条件であった。ここに、家康は三河・遠江・駿河・甲斐・信濃五か国の大名に急成長した。

徳川家康との和睦が整うと、降雪の近いこともあって北条勢は即刻、相模国に撤退した。相模国の武士たちは小田原衆の一部と三浦衆を残して、ほとんど全員が甲斐から伊豆方面・上野方面に出陣していたから、相模国はまったくの空き部屋になっていたのである。

## 北条氏規の活躍

徳川家康との和睦交渉に活躍した北条氏規は、相模国三崎城(三浦市)の城主であり、伊豆国韮山城(静岡県伊豆の国市)の城将も務めた北条氏の重鎮であった。氏規の若き頃のことは、すでに第二章第三節で紹介しており、参照していただきたい。

永禄八年(一五六五)初頭には今川氏真への人質を解かれて小田原城に帰国した北条氏規は、何故かは不明であるが、天文十一年(一五四二)に死去した北条為昌の菩提者として位置付けられた。帰国直後から支城支配の象徴である朱印状を発給していた。朱印文は「真実」という字を彫り、小田原合戦後の天正十九年(一五九一)八月まで三五通が確認されている。その中には三崎城領と韮山城領の文書も含まれている。

北条氏規朱印状の初見は永禄八年正月末に、伊豆国の寺に出したもので、帰国直後から氏規は韮山城将であったと判明する。奉者は南条昌治である。同九年六月には東京湾の海上警備を任され、里見水軍との抗争で活躍した山本正直に宛てた感状で、敵船を富津浦（千葉県富津市）に追い詰めた功績を讃えている。当文書は三崎城で発給されたもので、すでに氏規は三崎城主も兼務していた。同年十月に氏規は、小田原城内の為昌の菩提寺の本光寺に施餓鬼銭（無縁の死者の供養費）と御霊供米銭（仏の供養料）を土肥・吉浜（湯河原町）の年貢から五貫文を寄進させる。

永禄十二年五月に北条氏政が徳川家臣の酒井忠次に、武田信玄に攻められている今川氏真を遠江国懸河城（静岡県掛川市）から救出する指示を伝え、北条氏規から副状させる。徳川家康との交渉の初見である。元亀三年（一五七二）正月に氏規は、徳川家臣の岡部長教に正月の挨拶状を認め、同三月には岡部元信に書状を出して近況を報告した。天正十年三月には酒井家次に贈呈品の謝礼を述べ、韮山城にいるので家康への仲介を依頼した。同年十月末に家康が氏規に、和睦の起請文を掲げて、今後のことは何があろうと氏規の進退について見放さないと誓った。家康の氏規への思いがよく現れている。翌十一年八月に氏規が家康に、北条氏直の正室に迎える家康娘の督姫の駕籠が小田原城に到達したと伝え、今後も徳川家との仲介に惜しみなく働くと述べた。

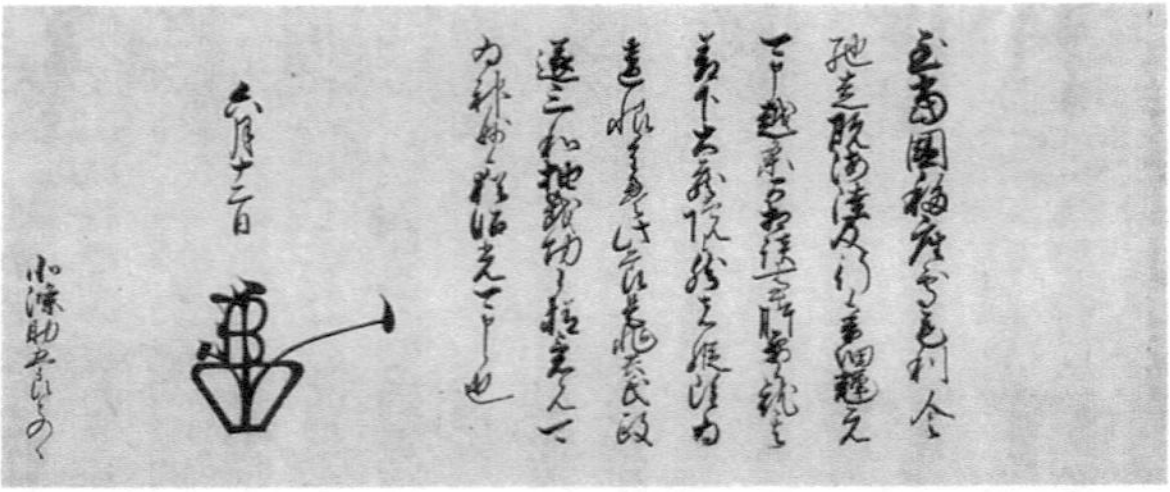

**足利義昭御内書**　天正４年６月　北条家文書　神奈川県立歴史博物館蔵

元亀三年九月に北条氏規は、三浦郡三崎の法満寺に寺屋敷は南条昌治の陣屋として三崎城の一部に編入すると述べた。天正三年四月に北条氏政は氏規に、伊勢国大湊（三重県伊勢市）の角屋の船に上洛する人を乗せることを許可させた。氏規が太平洋航路の各湊に寄港する角屋船の管理をしていた。角屋は外洋船を持つ交易商人で、徳川家康とも昵懇であった。角屋七郎兵衛は江戸初期には、徳川幕府公認の東南アジア方面の貿易も行っていた回船問屋である。天正四年六月には、前の将軍足利義昭が氏規に、毛利輝元と氏規が交渉して武田・上杉・北条の三者の和睦を実現させて義昭を援助せよと述べた。氏規は早くから幕府奉公衆の一人と認められていた。今川義元の推挙と思われる。天正五年五月に氏規は、水軍の山本氏に東京湾の回船六隻を預けて、交易を行わせた。氏規は東京湾の交易権も掌握していた。天正五年八月には、氏規が出羽国米沢城（山形県米沢市）の伊達輝宗の家臣の遠藤基信との交渉に臨み、翌年正月にも書状の交換に携わった。

天正九年二月初旬には北条氏規が、三浦郡木古庭郷（葉山町）

の領主の宮下氏が欠落したので農民らも欠落するとの事で、国法に任せて帰村させる。同年十月には氏規が佐野村（三浦市）の農民に三崎城宝蔵寺由輪の塀二間の普請を命じ、部材を用意して氏規の下知の如く作事させる。同十年四月に氏規は、相模国真鶴（真鶴町）のかつき衆（男の海女）二〇人を一〇日間、三崎城に招集し、熨斗《のし》アワビを上手く剥かせ、京都への贈答品に用意させた。翌十一年七月には氏規が三浦郡逗子の延命寺（逗子市）に雨乞い祈祷を依頼し、雨が降ったことへの礼状を寺に届けた。

天正十年十月に徳川家康と北条氏直との同盟が締結されると、北条氏規と家康との間はますます親密になっていった。同十三年三月には家康が、北条氏に馬を贈呈し、近くまで出向いたら会って話したいと述べている。

## 第三節　豊臣秀吉との交渉

### 徳川家康と秀吉との抗争

天正十年（一五八二）閏十二月二十日に、古河公方足利義氏が死去し、嫡男がなく、跡は氏姫が継ぐ。女性のため七人の連判衆（文書に七人の重臣が連署すること）が補佐し、北条氏照が後見する体制となった。もはや、古河公方は北条氏にとっては、あまり重要な存在ではなくなっていた。この後は公方領は氏照の支配領域に編入されていった。

北条領になった上野国の支配に専念する北条氏直は、武蔵国鉢形城（埼玉県寄居町）の北条氏邦を上野国支配の責任者に任命した。上野国では沼田城の真田昌幸と氏邦との抗争が激化していた。氏邦は上野国箕輪城（群馬県高崎市）の城主を兼務し、同国支配の拠点とした。天正十年十一月には厩橋城（同県前橋市）の毛利高広が北条氏を離反した。このように上野国では北条氏と国衆との抗争は激化したが、北条氏の本国領の相模国は、戦乱もなく静謐な状況が訪れていた。翌十一年八月には徳川家康の娘の督姫と氏直との婚儀も行われ、北条氏と徳川氏は姻戚関係となった。

この天正十〜十一年の間の相模国の状況は、どうであったか。同十年二月には織田信長の武田攻めが始まって、北条氏は駿河国駿東郡方面に出馬したため、北条氏繁の玉縄衆や大藤氏の中郡衆、北条氏規の三崎衆、内藤氏の津久井衆が全軍で参陣し、勝利して帰国した。ついで同年六月には北条氏直が信濃から甲斐に侵攻したため、再び出陣騒ぎとなったが、十一月には徳川家康と和睦して無事に帰国していた。しかし、甲斐国に加勢として向かった西郡新城の北条氏忠の軍勢だけは同国黒駒（山梨県笛吹市）の合戦で敗北した後、甲斐国御坂城（笛吹市）に残って籠城し、その年末まで城を守っていた。

相模国では三月五日に新田貞俊《しんでん》が、中郡飯山郷（厚木市）金剛寺に寺域の周囲を定め、郷民の寺山での竹木伐採や牛馬の放し飼いを禁止させた。四月末に北条氏直が小田原城下の宮前町の町人頭の加藤氏に、各国での問屋経営（商品取引）を安堵して宿場の掃除役を命じ、小田原城下に来訪した他国者はすべて氏直に報告させた。五月八日には氏直が武蔵国小机城（横浜市港北区）の北条氏光を、相甲国境の相模国足柄城（南足柄市）の当番頭に任命して城掟を守らせた。この城掟は一四か条にわたる詳細な掟で、戦国期の城の運営方法を知る恰好の史料として名高い。当番衆は小机衆六〇〇人で務めていた。五月中旬に氏光は座間郷（座間市）の座間某に、軍役着到を定めて忠節を尽くさせた。七月末には北条氏政が岡本政秀に相模国津久井城（相模原市緑区）の普請見積書を提出させたが、不完全と判断してやり直しを命じた。

ところが、この平和を騒がせる事態が、東海地方で勃発した。徳川家康と豊臣秀吉との抗争である。天正十一年二月七日には、上野国の領有を巡って北条氏直は秀吉・上杉景勝両氏とは断絶していたから、氏直は家康に味方する図式となった。翌十二年三月には、織田信雄が秀吉と訣別し、家康に支援を求めたから家康は同意して北条氏政父子に援軍を依頼した。徳川氏と姻戚関係になった氏直は、徳川方に加勢を送ることを決定していた。三月十九日には家康が氏政父子に、駿河国沼津（静岡県沼津市）に行くから会合して相談したいと伝えた。豊臣勢との抗争の件で加勢の依頼であろう。しかし、下総方面には佐竹義重の軍勢が侵攻していたため、徳川方に加勢を送るのには限度があった。しかも、氏直は徳川領の信濃国佐久郡の小諸城（長野県小諸市）を領有して、密かに兵糧米を搬入するなど、全面的に家康を信頼してはいなかった形跡があるのである。例えば天正十二年十月二日の北条家朱印状では、山角定勝に甲斐国境の津久井城の当番衆を命じ、敵方の噂話に注意せよと命じており、徳川氏を敵方と規定している。小田原城の宿老の松田憲秀の重臣山角定勝に宛てた氏直の命令書であるから、氏直もそのように認識していたとわかる。そのため、徳川方への加勢は最小限度の小人数に止めるつもりでいた。また、この日に氏直は江戸衆の遠山直景に、徳川方への加勢衆の派遣を発し、騎馬一八騎・侍三九人の合計五七人という小人数を送る予定であったが、これも履行されなかった。この家康と秀吉の抗争は「小牧・長久手の合戦」と呼ばれているが、何方の勝利とも決着せずに終わった。

## 関東・奥両国総無事令の発令

小牧・長久手の合戦の翌年の天正十三年（一五八五）には、豊臣秀吉は北陸・紀伊・四国・中国の大名を制圧して天下統一の気運を示した。六月頃から秀吉は周辺の諸大名に、徳川家康・北条氏直を討伐すると述べはじめていた。それへの対応として北条氏は、徳川家康との同盟の強化を計る家老衆の連署起請文を家康と交換した。この頃の北条氏直のおよその支配領域は、伊豆・相模・武蔵の全域と上野・下野・下総・上総の一部に渡り、徳川家康は三河・遠江・駿河・甲斐の全域と信濃国の南部を領有していた。双方合せれば豊臣秀吉とも決して遜色ない広大な大名国家を形成していたと言えよう。

天正十四年初頭に織田信雄が徳川家康に面会し、豊臣秀吉との和睦を勧めたため、家康は秀吉との同盟に踏み切り、二月上旬には同盟が締結された。十月末には家康は大坂城で秀吉と面会し、豊臣氏の大名となった。このことは北条氏直との同盟を無視することを意味した。家康も気が咎めたとみえて、三月九日に家康から北条氏政に申し入れて伊豆国三島（静岡県三島市）で両者が面会し、家康から膨大な贈答品が贈られた。十一日には氏政が答礼に沼津に赴き、再度の会見を果たした。その時の贈答品目は、西山本門寺（静岡県富士宮市）の文書に目録が残っている。北条方では伊勢貞運・垪和氏続・山角定勝・垪和康忠・山角康定に膨大な品目が、ほかに取次役の北条氏規に米一万俵、朝比奈泰寄には一〇〇〇俵が贈呈された。北条氏直と家康との同盟は維持されたのである。同年三月末に家康は房総の里見義康との同盟も果たしていた。

豊臣秀吉は徳川家康との同盟を果たすと早速に、家康を関東との取次役に任命し、天正十四年十一月に家康を通して北条氏に「関東・奥両国総無事令」を発令した。この内容は、北条氏に近隣の諸大名との領土獲得戦を停止させ、もし停戦しなければ秀吉が介入して平和的に解

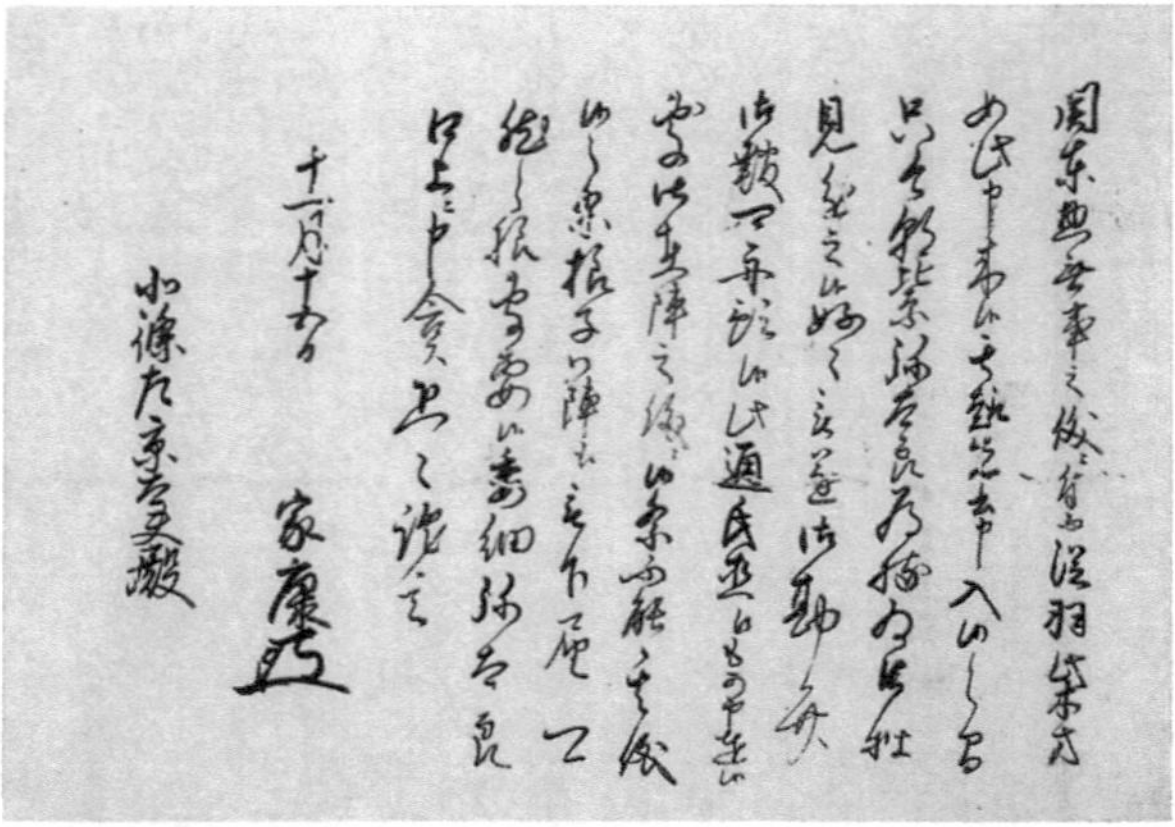

**徳川家康書状**（北条氏政宛）　天正14年11月　持田太加雄氏蔵　埼玉県立文書館寄託　持田（英）家文書 No.23

決させる。それも駄目なら秀吉が武力で撃滅するというものであった。この総無事令を受けた北条氏政父子は、秀吉の武力介入と捉えて無視することにした。しかし、北条氏直は翌十一月には上野国金山城（群馬県太田市）の由良国繁や小泉城（同県大泉町）の富岡氏に、もしも大坂で秀吉と家康が決裂したなら、徳川方に味方して出陣すると伝え、出陣の準備をさせている。北条氏邦には鉢形城に籠城して、上野国の国衆への指揮権を与え、防戦に努めさせた。同月四日には秀吉は上杉景勝に、北条攻めは中止したと告げ、真田昌幸の赦免も伝えた。即日、氏直は徳川氏の取次役の榊原康政に、家康が大坂で秀吉との折衝で上手く交渉してくれた礼を述べ、今後の秀吉と氏直との間の指導は家康に任せると伝えた。

天正十四年十一月末には真田昌幸が、大坂城の豊臣秀吉と会談する。十二月十日には北条氏照が出羽国米沢城（山形県米沢市）の伊達輝宗に書状を出し、関東の情勢を伝えた。伊達氏との協調で、北条・徳川連合軍で豊臣勢と一戦を交えるつもりであったらしい。この頃から後は、伊達氏との交渉が頻繁になっている。同年末には徳川家康が居城を遠江国浜松城から駿河国の駿府城（静岡県静岡市葵区）に移した。天正十五年に入ると北条氏直が小田原城の普請に力を入れ始めた。この頃には、北条氏照が滝山城から八王子城に移転する。しかし、氏照は小田原城に詰めており、普請の総監督として活躍していた。氏照は小田原城内ではタカ派として豊臣との決戦も辞さない構えで、好戦的な武将の代表であったという。反対のハト派の代表は北条氏直と氏規で、家康を頼りとしていた。三月十八日には真田昌幸が氏直との同盟を破棄して、駿府城の家康に挨拶し、その与力大名（直轄の大名）となった。

## 真田昌幸との領有権争い

天正十四年（一五八六）三月九日に北条氏政は、伊豆国三島で徳川家康と会合したが、その時には家康が豊臣秀吉との同盟に応じたことの報告とともに、真田昌幸が上杉景勝と同盟し、その背後にいる秀吉からも信任されているという危険な状況も氏政に伝えていた。昌幸は信濃国佐久郡に侵攻し沼田領の拡大を計っていた。佐久郡は徳川領であったから、家康も危機感を募らせていた。

同年四月には、早速、北条氏直の沼田城（群馬県沼田市）攻めが開始された。まずは北条氏邦が四月三日に、上野国吾妻郡に侵攻した。氏直は十一日には下総国関宿城（千葉県野田市）に着城した。十五日に氏邦家臣の猪俣邦憲が沼田領に侵攻し、沼田城周辺に向城を構築し包囲体制を固めた。二十五日には氏直が猪俣邦憲に、上野国仙人ヶ岩屋（群馬県東吾妻町）攻略の忠節を褒めている。氏直自身は佐竹義重が下野国壬生表（栃木県壬生町）に侵攻してきたので、同国佐野（同県佐野市）方面に進撃して佐竹勢を駆逐した。

同年五月には、七日に北条氏邦家臣の猪俣邦憲が、沼田東谷の合戦で上野の国衆の阿久沢助太郎が真田勢二〇〇人を討ち取ったと報告した。十日以前には北条氏直が上野国厩橋城（群馬県前橋市）に着陣し、北条氏照・氏邦・氏規を大将として沼田城へ総攻撃をかけるべく進撃させたが、十三日から豪雨に見舞われて利根川が出水したため進撃できず、やっと二十五日に沼田城に総攻撃をかけた。しかし、沼田城将の矢沢綱頼が善戦して北条勢は撃退されてしまう。退去した氏直は五月下旬から六月上旬にかけて、下野国に侵攻して宇都宮国綱の多気山城（栃木県宇都宮市）を攻め、皆川広照を降伏させた。その後、広照は北条氏政の養女を正室とし北条一門となった。反対に宇都宮国綱と佐竹義重は反北条同盟の旗頭であり、豊臣秀吉とも連絡しつつ氏直に抗戦していた。

同年六月七日に越後国の上杉景勝が上洛し、豊臣秀吉と会合した。関東の情勢を検討したものと思われる。七月十九日には徳川家康が真田昌幸攻めを決意し、駿河国駿府城（静岡市葵区）に着陣し、甲信国衆に参陣を求めて後、甲府（山梨県甲府市）に出陣した。また、七月十五日には北条氏直が上野国衆の宇津木氏久・木部貞朝・和田昌繁・高山彦四郎と取次役の垪和康忠衆に、下野国壬生表に佐竹勢が侵攻したため、五日の内に出陣すると伝えて参陣を促した。

八月三日には豊臣秀吉が上杉景勝に、真田昌幸は「表裏比興の者」であるから、成敗すると決めたと伝えた。秀吉の信任を得ていた昌幸は、主君を定めぬ卑怯者であるから、討滅すると、立場が逆転したのである。ここに、徳川家康の真田攻めは容認され、景勝の真田擁護は秀吉への謀叛という展開となった。この逆転劇は、秀吉が何とか家康を味方として大坂に出仕させようとした飴であったと『真田昌幸』（吉川弘文館刊）の筆者の柴辻俊六氏は述べている。この直後に秀吉は家康に、まずは大坂に出仕し、その後に真田征伐を行ってはどうかと、伝えている。この書状を受けた家康は、直ちに昌幸への攻撃を中止させ、甲府から本国に帰還した。また、八月三日には秀吉が景勝に東国取次役を命じ、関東・出羽・陸奥の各国大名に「関東・奥両国総無事令」を発したと伝えた。発令を受けた北条氏政父子は、ますます伊達政宗との連携を深めていき、豊臣政権への対抗を強めていった。北条と伊達との取次役は北条氏照が務めていた。

十三日には政宗が北条氏直に、佐竹義重との抗争に加勢を送ってほしいと依頼している。同月末には家康が氏直に、下野国の佐野城攻略を賞賛した書状を送っていた。北条・徳川・伊達の東国連合と豊臣政権との抗争は、まさに現実化していったのである。東国連合の要は家康の去就であった。秀吉も、その点は熟知していた。十月十八日に秀吉は生母の大政所を人質として家康のもとに送り込み、上洛を促してきた。ついに、家康は秀吉に屈伏し、大坂に出仕して豊臣方の大名となった。十一月四日には秀吉は真田攻めを中止したと景勝に伝えた。昌幸は赦免されて、翌十五年の三月に上洛し豊臣方の大名となる。

この間の九月から以降の北条氏政父子の行動は、どのようなものであったのか。九月から十月にかけて、中央の情勢を感知した文書は見えないが、十一月二日には北条氏直が上野国衆の由良国繁に、もしも、豊臣秀吉と徳川家康が決裂した場合には、徳川方への支援として遠江国に出馬するので、参陣してほしいと依頼した。四日には北条氏邦に同様に伝えた。しかし、両者の決裂もなく、無事に過ぎていった。

### 天正十四年からの相模国の状況

織田政権の崩壊と豊臣秀吉の台頭による北条氏の周辺の状況は、目まぐるしく変わっていったが、その間の相模国の状況は、どのようなものであったのであろう。天正十四年（一五八六）

から同十五年の秀吉との決戦体制に入る間のことを述べておこう。

天正十四年正月二十一日から小田原城の普請を開始し、相模国の郷村から普請人足を徴用した。武蔵国岩付城や伊豆国韮山城でも普請工事が行われる。二十六日には津久井城（相模原市緑区）の内藤直行が青山の光明寺に、以前の如く諸役を免除した。二月七日には大磯の砂を鉄砲鋳造用の鋳型に使用するため、小田原城に伝馬で搬入させる。同月末には北条氏直が新城（山北町）当番衆に、甲斐国から杣を運送する人足・馬・兵糧米一五俵の通行を許可した。

三月六日には北条氏直が相模国大山（伊勢原市）八大坊に、大山神社の造営と掃除役を命じた。十六日には氏直が国府津（小田原市）の宝金剛寺に、以前の如く国府津の寺領を安堵した。二十三日には氏直が梶原景宗に、紀伊国紀之湊（和歌山県和歌山市）から佐々木刑部助の船が交易船として相模国に来ることを許可した。

七月二十日に北条氏照が江ノ島（藤沢市）岩本坊に、岩屋宮が大破したため造営させ、遷宮式に太刀と馬を寄進し、武運長久を祈願させた。同月末には北条氏直が小田原城下の鋳物師の山田二郎左衛門尉を鋳物師の棟梁とし公用を務めさせる。九月中旬には氏直が鶴岡八幡宮の相承院に、相模国三浦郡大田和郷（横須賀市）を寺領として寄進した。

十月一日には氏直が相模国田原（秦野市）番匠の惣左衛門に小田原城内の座敷の建設を命じた。同月末には鎌倉代官の大道寺政繁が鎌倉二階堂の覚園寺に、寺領から欠落した農民を帰村させて耕作に従事させる。

十二月二十五日には北条氏直が小田原城下の京紺屋津田正輝に、相模国・伊豆国の一五か郷村が不入（守護権力の及ばないこと）と号して紺屋役を納めないのを不法とする。

天正十五年に入ると、豊臣秀吉との決戦体制が相模国ほか、北条氏の分国全域に発令され、武士たちは陣触れとともに出陣することとなった。

## 第四節　周辺大名の去就

### 佐竹・結城氏との戦い

天正十年（一五八二）六月の織田信長の死去により、織田政権は瓦解した。しかし、信長は生前から、全国の諸大名の武力侵略を停止させる「全国総無事令」の構想を持っていた。そのことは、同年十月二十八日に徳川家康が水谷勝俊に、北条氏直と家康との和睦は、信長が提唱した総無事令の実現と喜び、結城晴朝にも説得して了承させよと述べていることから事実とわかる。北条氏と結城氏や佐竹氏との抗争を停止させたいとの意向であろう。同日には徳川家臣の井伊直政が氏直に、和睦の誓約書を交わしたことを佐竹義重・結城晴朝に報せ、北条氏照が連絡役を務めることとの覚書を出していた。しかし、佐竹・結城両氏と氏直との和睦は成立しなかった。もしも、この時に家康の仲介で、反北条方の佐竹・結城同盟が成立していれば、関東の平和は天正十年には訪れていた可能性が高い。十二月七日には佐竹方の梶原政景が里見義頼に、義重が上野国に侵攻したと報せ、氏直が信濃国に侵攻したための報復措置であると述べた。氏直と義頼は同盟中である。

天正十一年六月には、太田資正・梶原政景・佐竹義重・結城晴朝らの反北条氏連合が、豊臣秀吉と好を通じた。秀吉としては徳川家康と北条氏直との同盟に対応する意味で、反北条氏連合との交渉を歓迎していた。同十三年四月中旬には佐竹方の多賀谷重経が北条方の常陸国牛久城（茨城県牛久市）の岡見治広を攻め、北条氏照が治広に救援を約束した。しかし、充分な救援は困難で、多賀谷氏による牛久城攻撃は、結局、天正十八年まで続いていった。

九月四日には結城晴朝が上杉景勝に、初秋に北条勢が下野国皆川領に侵攻したため、佐竹義重が出馬して防戦し、北条勢は同国佐野表に退却していったが、早く関東に越山してほしいと懇願した。五日には皆川広照が景勝に、北条勢は皆川領に張陣したが撃退した。来春には義重と宇都宮国綱が、上野国に侵攻してくれるため、関東に越山して共同で北条氏直を撃退してほしいと懇願した。この頃には反北条氏連合に皆川広照・宇都宮国綱も加わっていた。天正十三年十二月末に結城晴朝が陸奥国の白川義親に、二十日に氏直が下野国に侵攻し、結城城（茨城県結城市）に攻め込み、周辺を荒し回って撤退したと報告した。

天正十四年（一五八六）に入ると豊臣秀吉が、反北条氏連合の懇願を受け、ますます北条氏と結城・佐竹抗争に介入してきた。四月十九日には佐竹義重に陸奥国の芦名と伊達両氏の抗争を停止させ、国割を秀吉が策定するとの東国総無事令を発した。近々、富士山を一見したいから関東に出馬するとも伝えた。秀吉が北条攻めを計画し始めていたとわかる。同月末には義重が下野国壬生表（栃木県壬生町）に侵攻したため、北条氏直が出馬したが佐竹勢は素早く退散した。七月中旬に氏直が清水康英や北条氏照に、佐竹勢が下野国壬生城と鹿沼城（栃木県鹿沼市）に侵攻したため、急遽、出馬すると報せて参陣の用意をさせた。二十八日に氏直が出馬する。この月下旬には下野国の那須資晴が、同国塩谷領の帰属問題から、佐竹方を離反して氏直に従属した。

同年八月十三日には伊達政宗が北条氏直に、常陸・下野の領有は氏直に任せているが、佐竹領については問題があり、中旬には常陸国に出馬するので加勢を依頼した。政宗と氏直との同盟は、佐竹氏の北条領への侵攻を背後から抑止する効力を果たしていた。

天正十五年二月二十四日に豊臣秀吉が上杉景勝に、もしも北条氏が総無事令に背いて佐竹・宇都宮・結城各氏らに攻撃を仕掛けたら、成敗するから後詰めせよと依頼した。反北条氏連合と北条氏との領土獲得戦に停戦命令を下し、違反すれば北条氏直を撃滅するとの意思である。徳川家康を追してしまい豊臣秀吉との接点を持たない北条氏の立場の弱さであった。この危機を感知していた北条氏は、この年の初めから、北条氏照を中心に領国中の諸侍に小田原城への籠城を命じていた。また、離反を防止する意味から、国衆から人質を出させて氏照の八王子城に籠もらせている。

**金山城址大手虎口**　群馬県太田市　太田市教育委員会提供

## 上野衆の支配

下野国の佐竹義重や下総国の結城晴朝が、北条領の上野国にしばしば侵攻してきた。戦国期の上野国には、支配する中心勢力を欠いていたため、国衆の離合集散が激しく、なかなか安定しなかった。北条氏直も、その支配には苦慮していた。ここでは、天正十三年（一五八五）頃から以降の上野国の国衆の動きを述べておこう。

天正十三年には、北条氏直は上野国金山城（群馬県太田市）の由良国繁から金山城を接収し、同国桐生城（同県桐生市）に移らせた。上野国における上杉方の重鎮であった国繁が、完全に氏直に従属したのである。

天正十四年二月中旬には、北条方の上野国白井城（群馬県渋川市）の長尾輝景が、伊香保温泉の国衆の木暮存心に本湯の管理を命じた。四月中旬には北条方の猪俣邦憲が、沼田城（群馬県沼田市）の真田昌幸を攻めて、向城を構築した。これ以後は沼田城を巡って北条氏と真田氏との激闘が続いた。五月二十五日に氏直が北条氏照・氏邦・氏規を総大将に、沼田城に総攻撃を掛けたが撃退された。

天正十四年六月には北条氏照が厩橋城（群馬県前橋市）の毛利（北条）高広の取次役となる。厩橋城は北条氏の上野国支配の拠点であった。しかし、上野国は北条氏邦の領国のままで最後まで終始した。なお、上野国北西端の松井田城（群馬県安中市）には武蔵国河越城（埼玉県川越市）城主の大道寺政繁が城将として入部して支城支配を開始し、小田原合戦まで続いた。

このように北条氏の上野国支配は、複雑な支配形態となった。この頃の上野国の国衆では、北条方として玉村（群馬県玉村町）の宇津木氏久、木部城（同県高崎市）の木部貞朝、和田城（高崎市）の和田昌繁、高山御厨（同県藤岡市）の高山彦四郎、後閑《ごかん》郷（同県安中市）の後閑宮内大輔、国峰城（同県甘楽町）の小幡信真、小泉城（同県大泉町）の富岡秀長らが従属していた。彼らはもとは武田信玄・勝頼父子に仕えていた者が多い。

同年七月二十一日には館林城の長尾顕長が小田原城に参府し、氏直から太刀を贈呈された。

八月には顕長は館林城から下野国足利城（栃木県足利市）に移され、館林城には北条氏規が城主として入部した。

同年十一月初旬には、北条氏直が上野国桐生城の由良国繁に豊臣秀吉への対応策を指示し、徳川家康が秀吉と断絶したなら、徳川方を支援して遠江国に出馬すると伝え、参陣を命じた。同日には氏直が富岡秀高に、家康が秀吉と断絶したら軍勢を引率して同国金山城に籠城せよと命じた。北条氏邦に対しては、断絶したなら直ちに本拠の鉢形城（埼玉県寄居町）に籠城し、上野国衆への連絡を密にすることを命じた。しかし、この臨戦体制は豊臣秀吉の関東侵攻が中止されたので解除された。だが、沼田城の真田昌幸との抗争は激化していった。

天正十五年に入ると、上野国では豊臣秀吉との決戦への臨戦体制は解除されたが、本国の相模国では、各城の防備を固めるために一層の城普請を進めていた。正月には小田原城の普請が全郷村に命じられ、籠城作戦の準備が開始された。この作業の責任者は北条氏政と氏照、岩付城（埼玉県さいたま市岩槻区）の北条氏房に課せられ、彼らは豊臣勢との決戦を標榜する者たちのタカ派の代表格であった。反対派は徳川家康の仲介で秀吉との和平を望む北条氏直・氏邦・氏規である。この頃から、小田原城内ではタカ派とハト派に分かれていたと推定される。

## 名胡桃城事件と豊臣政権との訣別

天正十四年（一五八六）初頭には真田昌幸が豊臣秀吉に従属し、前年に完成した信濃国上田城（長野県上田市）を本拠に、昌幸の支配地は飛躍的に拡大していた。信濃国小県郡全域とその周辺の諸郡の各一部、上野国吾妻郡全域、沼田領（群馬県沼田市）は利根郡を中心に勢多郡・群馬郡の各一部に及び、戦国大名化への道を歩んでいった。当然、上野国の領有を進める北条氏直との抗争は、激しさを増していった。

同年五月には、北条氏直は北条氏照・氏邦・氏規を総大将として沼田城に総攻撃をかけたが、城主の矢沢綱頼が防戦して撃退された。同年十一月中旬には北条氏政が上野国箕輪城の北条氏邦に、沼田城への備えを厳重にせよと命じている。沼田城は真田昌幸の重要な上野国の支城であり、越後国の上杉景勝との領国との国境を守る拠点であった。

天正十五年年末には、北条氏政が北条方の白井城（群馬県渋川市）の長尾輝景に、沼田衆の真田勢が白井城に夜襲をかけることを警戒させている。同十六年五月には真田昌幸が沼田城主の矢沢綱頼に、沼田領の替地として信濃国小県郡で三六〇貫文を宛行っている。このことは昌幸が沼田領から撤退し始めていたことを意味していた。同年閏五月末には北条氏直が石原主計助に、沼田から権現山城（群馬県沼田市と高山村の境）に侵攻した時に忠節を尽くした功績を賞している。この時には沼田城はすでに北条方の領有に帰していたとわかる。豊臣秀吉の指示によると思われる。十月十五日には北条氏邦の重臣の猪俣邦憲が、沼田の上下聖天社に沼須郷内を寄進しており、猪俣邦憲が沼田領の支配者としてすでに入部していたとわかる。しかし、沼田城の利根川対岸の名胡桃城（群馬県みなかみ町）は真田昌幸の持城として残されていた。真田氏の墓所という理由であった。同年十一月末には北条氏規が徳川家康に、豊臣家臣の富田・津田両氏が沼田城の北条方への譲渡の交渉に来るので、秀吉への仲介を依頼した。翌十七年七月に交渉が成立し、北条氏忠が沼田城受取の係奉行として派遣された。この時に、正式に沼田城は北条氏の持城に編入されたのである。九月一日に猪俣邦憲が権現山城主の吉田真重に、沼田周辺で知行三三〇貫文を宛行い、猪俣邦憲が沼田城の城主になっていた。つまり、北条氏邦の支城になったのである。

**名胡桃城址**　群馬県みなかみ町　みなかみ町教育委員会提供

沼田城とは利根川を挟んで対岸に位置する名胡桃城は、もとは武田勝頼の持城であった。天正七年九月には北条方に降伏したのち、北条氏政の持城として初見している。翌八年五月には真田昌幸が北条方の沼田城を攻略し、城主の用土新左衛門尉が降伏した。同時に猿ヶ京城（群馬県みなかみ町）も陥落した。新左衛門尉は藤田信吉と改名して勝頼の家臣となる。同年七月一日には勝頼が小川可遊斎に、名胡桃城の支配地を宛行っている。すでに真田昌幸が北条方の名胡桃城を攻略していた。ところが、天正十六年五月七日の猪俣邦憲判物では、権現山城の吉田真重に真田方の名胡桃領で三〇〇貫文を宛行っており、北条氏の名胡桃領への進出は始まっていた。

同年八月末に北条氏規が豊臣秀吉との面会のために上洛し、その帰国直後の九月二日には秀吉が関東の諸大名に、やがて豊臣方の上使（上級の使者）を派遣して大名の国割を行うと宣言した。特に紛争のある地域には、秀吉が紛争を裁定して解決すると諸大名に伝えていた。紛争のある地域の一つには沼田・名胡桃領の件が上がっていたことは想像に難くない。その裁定は、天正十七年三月頃に北条氏・真田氏と徳川家康に知らされた。内容は、『加沢記』では、北条方の沼田領は利根川の東側、真田方の名胡桃領はその以西とされたという。この裁定には、北条氏政と猪俣邦憲には不満であった。氏政には上野国の領有を果たしたい意向が強く、猪俣邦憲には沼田領を脅かす名胡桃城の存在が目障りであった。同年十一月二十六日には氏政が邦憲に、沼田城の防備を厳重にさせることを命じている。真田方の侵攻を気にしていたとわかる。

天正十七年十一月三日に猪俣邦憲が、ついに謀略をもって真田方の名胡桃城を攻略してしまった。その報告は直ちに豊臣秀吉のもとにいた真田昌幸にもたらされ、秀吉に報告された。

それでなくても、何度要請しても北条氏政が上洛してこないことに不信感を抱いていた秀吉は、激怒して直ちに北条氏直と断交し、同月二十四日に宣戦布告状を発した。ここに小田原合戦は開始されたのである。

## 豊臣秀吉との決戦体制

天正十七年（一五八九）十一月二十四日に豊臣秀吉が北条氏直に宣戦布告状を発して、北条氏は秀吉との決戦体制に入る。それ以前から決戦は避けられないと覚悟していた北条氏は、それへの準備に余念がなかった。準備を開始したのは、早くも天正十五年初頭のことと思われる。その対応へのあらましを相模国中心に述べておこう。

決戦体制の端緒は、天正十五年初頭の小田原城の大普請を開始したことにうかがえる。この普請役は北条氏政と氏直の支配する武蔵国岩付城（埼玉県さいたま市岩槻区）と相模国田島（小田原市）への普請人足の徴用に見られる。二月に入ると、普請役を免除されていた鎌倉の寺社領の郷村にも、決戦体制のためと称して普請人足の徴用が賦課されている。小田原城の大普請の総指揮は、北条氏照が執っていた。豊臣方との決戦体制は、氏政と氏照が指導していたとわかる。対して二月二十四日には豊臣秀吉が上杉景勝に、もしも北条氏政父子が総無事令に背いて、佐竹・宇都宮・結城の各氏を攻めたなら、北条氏を成敗するので後詰めを依頼した。

四月十六日には相模国新城（山北町）の修築が開始され、北条氏忠が城主として普請を監督する。同城は小田原城の北西の護りとなる。五月に入ると上野国の松井田城（群馬県安中市）や箕輪城・金山城、武蔵国岩付城でも普請を開始した。この月には秀吉が九州の島津氏を平定し終わり、本格的に関東平定に目を向け始めた。

天正十五年七月晦日に北条氏直が、相模国栢山《かやま》（小田原市）などと伊豆・武蔵三か国の本国領の一六か郷村の農民や職人・商人らの庶民で一五〜七〇歳の男子に軍役を賦課し、員数と携帯する武器の名簿を提出させた。三か国の全郷村に発給されたと推定され、まさに、北条領国挙げての本土決戦体制の到来であった。相模国では栢山・中島・広川・三増・岩瀬・鵜之森・木古葉・佐原の各郷村に出された分が確認されている。八月七日には岩付城領でも農兵の徴用が開始された。

八月には、北条氏直が分国中の支城の城主の配置替えを行い、重要拠点への重臣配置を開始し、籠城作戦に備えさせる。同時に関東中の北条氏に従属する国衆に、人質の提出を求め、小田原城や八王子城などの重要支城に集め始めた。加えて、各支城へ兵糧米を集積し兵員確保に努力させる。

しかし、このような北条氏の対応も、周辺大名の豊臣方への従属を防ぐことは困難であった。九月十日には北条氏照が最も頼りとした陸奥国の伊達政宗が、豊臣秀吉に使者を送り、従属を表明し、下野国の那須資晴も従属を通告しており、北条氏直の不安は増すばかりであった。同月二十七日に氏直は相模国大磯（大磯町）の砂三五駄分を鋳物職が鉄砲を鋳造するために、小田原城下に伝馬で搬入させている。豊臣勢が多くの銃砲を携帯していることへの対応で、鋳物職棟梁は城下の山田氏であった。十六年初頭に氏照は八王子領内の各寺社の青銅の梵鐘を供出させ、銃砲玉に鋳造させている。同城址の発掘調査では、青銅の銃弾の外に坩堝に詰まった梵鐘の破片が発掘された。

天正十五年十月末には北条氏政が、下総国本佐倉城（千葉県酒々井《しすい》町）に入り城領支配を開始し、房総支配の拠点とする。十二月二十四日には北条氏照が来住野《きしの》大炊助に、陣触状（出陣の命令）を発して小田原城への参陣を命じ、妻子は八王子城に入れることと命じた。結果として八王子城は、国衆や氏照配下の武士たちの人質を籠める城となってしまった。落城の時には二〇〇〇人の婦女子が城中にいたという。

# 終　章　小田原合戦への道

## 大籠城作戦への道程

天正十六年（一五八八）正月には北条氏直が、小田原城の普請を相模国の郷村に命じ、北条氏忠は新城（山北町）に家臣たちの兵糧を用意させて籠城させ普請役を命じた。上野国の各支城も盛んに城普請を続行させていた。三月末には氏直が鶴岡八幡宮や伊豆国の三島大社に戦勝祈願の祈祷を依頼し、社領として上野国館林領内で二〇貫文ずつの地を寄進した。

同年四月十四日に豊臣秀吉が、京都の聚楽第に後陽成天皇を迎えて天下統一を誇示し、徳川家康を通して北条氏直の出仕を催促し始めた。その氏直は四月末には下野国宇都宮（栃木県宇都宮市）方面に出馬し佐竹義重を攻めていた。また、猪俣邦憲は上野国沼田城の真田昌幸への攻勢を強め、近くの権現山城（群馬県沼田市と高山村との境）に城掟を出して厳重に警護させた。まったく総無事令を無視した行動である。五月には北条氏房が岩付衆らの軍勢に小田原城への入城を命じ、岩付領では農兵と在郷武士に軍役を賦課し、兵力の増強を計っていた。

同年五月中旬には、ついに徳川家康が北条氏政父子に、もしも豊臣秀吉の上洛要請を拒否するなら、北条氏直正室の娘督姫と離縁して家康のもとに送り帰してほしいと伝えた。家康が北条氏を見限るとの強い意思を示したのである。小田原城内では北条氏政が秀吉への臣従には反対しており、氏直と氏規は賛成していたから、上洛はかなり遅れることとなった。それでも調整して八月十日に北条氏規が上洛し、二十二日に豊臣秀吉に面会し従属した。そのため天正十五年からの決戦体制は、豊臣勢の来攻が回避されたため、当面は解除されることとなった。九月二日には秀吉が反北条派の武蔵国の国衆の太田資正・梶原政景と常陸の佐竹義久や結城氏らに、北条氏直を赦免し配下大名として認めると通達した。これは、北条氏の従属で彼らの国分けを行うとの通告であり、関東・奥両国総無事令の執行を告げていた。しかし、北条氏では決戦を固持するタカ派の北条氏政・氏照と氏忠・氏房は決戦体制を解除せず、家臣たちに陣触れを出して決戦体制を維持させていた。秀吉から上洛の催促を受けた氏政は再度の隠居をして小田原城の屋敷に引き籠もり、誰とも口をきかないという状態になった。

同年十月に入っても上野国沼田方面では真田昌幸と北条氏との抗争は続いていた。十一月末には北条氏規が徳川家康に、昌幸との国分けを協議していると伝えた。

天正十七年正月には、北条氏直が豊臣方の富田・津田両氏に新年の祝儀として太刀・馬などを贈呈した。しかし、同月末には氏直は上野国松井田衆に、二月末には佐竹氏を攻めるために出馬の予定なので参陣せよと命じており、総無事令への違反は続けられていた。下野国足利方面でも、北条氏と長尾顕長との抗争が続いていた。完全に総無事令の私闘禁止条項には違反していた。このため秀吉から徳川家康を通して、氏直に弁明の使節を派遣するように要請された。そこで氏直は二月に板部岡江雪斎融成を秀吉のもとに派遣し弁明させた。まずは沼田領の問題である。秀吉の裁定では、沼田領と上野国岩櫃領の領有は三分の二を北条氏の領分とし、残り三分の一は真田氏の領分とするとのことであった。しかし、この国分けは境目の線が曖昧であったため、後に再度紛争地となり、小田原合戦の発火点となったのである。

足利方面での北条氏と長尾顕長との抗争については、北条氏照が顕長を攻めており、二月十九日には顕長の兄由良国繁が桐生城（群馬県桐生市）を攻略されて北条氏に降伏した。顕長も三月三日に降伏し足利城（栃木県足利市）を開城した。国繁の桐生城は破却され、国繁は小田原城に送られた。こうして、由良国繁・長尾顕長兄弟の謀反は終息したのである。

### 小田原合戦の戦況

北条氏規の上洛に反対して政務から引退した北条氏政は、天正十七年（一五八九）三月には再び政務に復帰した。豊臣秀吉からの上野国沼田領・岩櫃領の国分け裁定を受け入れた北条氏は、この年の暮に秀吉の要請で氏政を上洛させることを返答した。このことは、北条氏は豊臣方の大名として従属するとの表明であった。七月二十一日には秀吉は北条氏の従属を受けて、沼田城を真田氏から北条氏に引き渡すため、受け渡し役として徳川家康の家臣の榊原康政を小田原城に派遣させた。北条氏の受け取り役は北条氏忠と決められていた。七月中には受け取りを完了した沼田城は、近くの権現山城にいた猪俣邦憲が城代に就任し、北条氏邦の管理する城となり、九月には沼田城領支配が開始された。

残るは年末と約束された北条氏政の上洛の実現であった。豊臣秀吉は側近衆に、もし氏政が今年中に上洛してこなければ、北条氏征伐の出馬を起こすと宣言していた。北条氏側では、氏政の上洛費用を領国中に賦課しており、氏政は上洛して豊臣政権に加入する意思を示していたと判明する。ところが、十月末に秀吉を激怒させる事件が勃発した。猪俣邦憲が沼田城と利根川を挟んだ対岸の名胡桃城（群馬県みなかみ町）を襲撃し、奪取してしまったのである。名胡桃城は真田領に属していたから、秀吉から見れば、まさに総無事令の裁定への謀叛であった。

真田昌幸から報告を受けた豊臣秀吉は激怒して徳川家康に、北条征伐の軍を起こすと通告して十一月二十日には、早くも参陣大名の配置と後詰めの大名の配置を決定し、家康を先鋒として関東に進撃するように下令した（伊達家文書）。豊臣勢の本隊は東海道を進撃し、前田利家・上杉景勝を総大将とする北国勢は信濃国から上野国方面に進撃するとの二方面作戦であった。二十四日には北条氏直に宣戦布告状を発し、関東諸大名にも北条攻めの宣戦布告状を回覧させ参陣を求めた。あわてた氏直は、家康を通して弁明に努めたが、もはや、秀吉の決意を変えることは不可能であった。十二月四日には豊臣勢の出陣日が決まり、徳川家康は天正十八年正月二十八日、織田信雄は二月五日、秀吉は三月一日に京都を出陣すると通告された。豊臣勢の総勢は本隊が一二万、北国勢は三万余、水軍一万余の二一万人であった。後詰めの留守部隊を加算すると二二万四〇〇〇人となる。

北条氏直の弁明が行われていた十二月七日には、豊臣秀吉との決戦は避けがたいと踏んだ北条氏は、分国中の国衆に参陣と陣触れを発し、一部の国衆には正月早々に小田原城への籠城を命じた。主戦派である北条氏照は、未完成の八王子城を留守部隊に預けて、小田原城の護りの責任者として同城に籠もることになった。氏照は作戦上手とのことであった。

北条氏直の作戦計画は天正十五年頃から普請していた小田原城の周囲の城下町をも包括した大土居（城下町をも囲んだ大土塁）と、西を守る箱根山の諸城に主力を配置し、伊豆国韮山城から山中城（静岡県三島市）・足柄城・新城・浜居場城・津久井城の国境の要塞地帯を厳重にし、房総方面の味方国衆の軍勢を加勢として配備した。籠城作戦を基本とし、各国の大名の集合体である豊臣勢が、これらの各支城を攻撃している間に、小田原城から攻撃軍を派遣して豊臣勢を各個撃破する計画であった。その間に陸奥の伊達政宗が来援に来るから、豊臣勢は離散、撃退できるとの甘い計画も持っていた。北条勢は正規兵が三万四〇〇〇人、総勢が一〇万人ほどであったが、多くの訓練が不充分な農兵も参加したから、平原戦では、とても豊臣勢には太刀打ちできないことは明白であった。

北条氏の分国内には一〇〇か城を超える支城が存在したが、その内の籠城戦に耐える主力の城は、伊豆の韮山城・下田城、相模の玉縄城・津久井城、武蔵の八王子城・岩付城・江戸城・忍城・松山城・鉢形城、上野の金山城・松井田城などの一門か有力国衆の守る城であった。特に堅固な守りの支城では、北条氏規の韮山城、清水太郎左衛門尉の下田城、北条氏照の八王子城、北条氏房の岩付城、成田氏長の忍城、上田憲定の松山城、北条氏邦の鉢形城、大道寺政繁の松井田城が知られている。

## 北条氏の滅亡

天正十八年（一五九〇）三月一日に予定通りに豊臣秀吉が、四万の軍勢を率いて京都を進発して関東に向かった。諸国の参陣大名の集結地は、駿河国沼津（静岡県沼津市）と決まっていた。同月二十八日に沼津に着陣した秀吉は即日に、緒戦として箱根山を扼する山中城の攻略を命じた。城将は松田康長（松田憲秀の従兄弟）で、玉縄城の北条氏勝が加勢として籠もっていた。二十九日の早朝から羽柴秀次を大将に豊臣勢七万人が攻撃を開始し、玉縄衆の間宮康俊らの奮戦も空しく、昼過ぎには城兵二〇〇〇人は全滅して陥落した。北条氏勝は城を脱出して玉

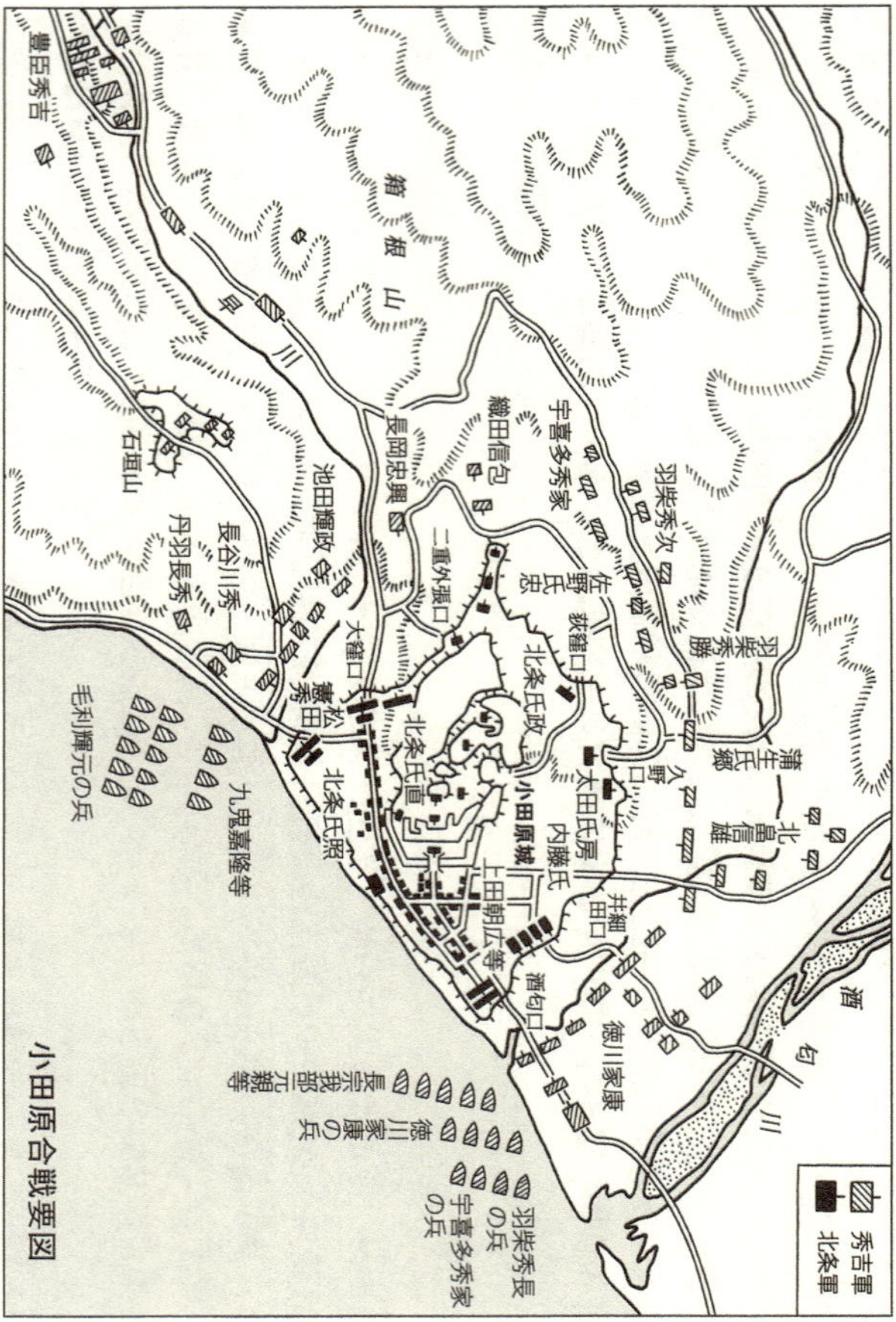
豊臣秀吉
箱根山
早川
石垣山
長岡忠興
宇喜多秀家
織田信包
羽柴秀次
池田輝政
長谷川秀一
丹羽長秀
二重外張口
佐野氏忠
荻窪口
羽柴秀勝
大窪口
北条氏政
松田憲秀
北条氏直
小田原城
太田氏房
久野口
蒲生氏郷
北畠信雄
内藤氏
北条氏照
上田朝広等
井細田口
酒匂口
徳川家康
酒匂川
毛利輝元の兵
九鬼嘉隆等
長宗我部元親等
徳川家康の兵
羽柴秀長の兵
宇喜多秀家の兵
秀吉軍
北条軍

小田原合戦要図

縄城に帰国した。小田原城の西の守りであった箱根山の要衝の山中城は、このようにして合戦初日に陥落し、箱根山は突破されてしまった。先鋒の徳川勢は箱根山中の鷹巣・宮城野などの諸城を攻略しつつ、小田原城の北から同城に接近していった。豊臣勢の本隊は箱根湯本（箱根町）の早雲寺に本陣を据え長期戦の覚悟で、小田原城を攻囲していった。織田信勝らは韮山城の攻略に向かった。徳川勢は玉縄城から江戸城方面に進撃していった。

北国勢は上野国碓氷峠を越えて、松井田城に攻撃をかけた。三月中旬には早くも碓氷峠の途中で松井田勢が北国勢を捕捉して合戦をしていた。松井田城主の大道寺政繁は善戦して、北国勢と激戦を展開した。松井田城の抵抗が激しいため、北国勢はほかの上野国の諸城の攻撃に向かい、西牧城などの諸城を陥落させた。

四月八日には小田原城の早川口を守備していた皆川広照が、北条氏を離反して豊臣方に降伏し城を出た。広照は赦免されて徳川家康の家臣となった。小田原城では早くも離反者が出たのである。

すでに小田原城の周囲は、豊臣勢にすっかり包囲されており、支城への加勢に向かうことは不可能になってきていた。四月から六月にかけて、相模国の玉縄城や三崎城が豊臣方に開城した。江戸城は四月二十二日に徳川方に開城した。上野国松井田城は北国勢に攻められ、四月二十日に開城し大道寺政繁は降伏した。松井田城の失陥で上野国の北条方の諸城は、浮き足立って陥落していき、上野国の箕輪城・厩橋城・石倉城・下野国の佐野城、武蔵国の河越城などが開城した。房総方面には徳川勢が進撃して諸城を陥落させており、四月から五月にかけて、北条方で残る城は、伊豆国の韮山城・下田城、相模国では津久井城、武蔵国では八王子城・岩付城・鉢形城・忍城があるに過ぎなくなった。

伊豆国では韮山城の北条氏規が善戦し、豊臣勢に反撃を加えてもいた。しかし、周囲の砦を攻略されて裸城にされると、さすがに戦力を失い、徳川家康の勧めで六月二十四日に投降し、開城した。伊豆半島南端の水軍城の下田城には、北条早雲以来の重臣の子孫の清水康英が籠もっていた。豊臣水軍の脇坂安治らに攻められて四月二十三日に開城した。

相模国では内藤綱秀の守る津久井城が健在であった。しかし、北隣の武蔵国八王子城が北国勢の上杉景勝・前田利家の猛攻で六月二十三日に陥落すると、翌日には徳川勢に降伏し開城した。三浦半島先端の三崎城はいつ落城したのか不明である。城主の北条氏規は韮山城に籠もって豊臣勢相手に激戦を演じていた。

武蔵国では岩付城が頑張っていた。城主の北条氏房は、小田原城に籠もっていたため、留守部隊の伊達房実らが守っていたが、四月二十日から木村・浅野両氏の豊臣勢に攻められて二十二日には落城した。北条氏邦の鉢形城は、六月十三日から五万の大軍を擁した前田利家らの北国勢に攻められると、翌日には抵抗を断念して降伏し、その後、氏邦は利家の家臣となった。ついで北国勢は八王子城に殺到した。六月二十三日の早朝から城攻めを開始して、その日には落城し横地吉信らの守将も討ち死にした。この八王子城の失陥は、小田原城の北条氏直や氏照には、もはや、抵抗は無駄と思わせるのに充分であった。期待した伊達政宗の援軍は、ついに来ず、北条氏に味方する大名は一人として現れなかった。徳川家康や織田信雄の離反もなく、希望はまったくついえていた。その後、唯一残った忍城の成田氏長も、六月八日から豊臣方の石田三成に攻囲されて水攻めとなり、七月十四日にはついに降伏して開城した。小田原城の開城から一〇日の後であった。

小田原城は七月五日に北条氏直が、豊臣方の羽柴（滝川）雄利の陣所に出向いて降伏し、開城された。小田原合戦の終息であった。

## その後の北条氏の家臣たち

小田原合戦が小田原城の開城で終息し、相模国にも平和が訪れた。奥羽地方を残して豊臣秀吉の天下平定は、ほぼ完了した。戦国騒乱の終息でもあった。北条氏は滅亡し、関東八か国は徳川家康に与えられ、家康は江戸城に入部して、小田原城には家臣の大久保忠隣が六万五〇〇〇石で入部した。北条氏直は助命され、北条氏政・氏照、松田憲秀・大道寺政繁は責任をとらされて切腹させられた。氏直は正室の督姫と離別させられ、家臣三〇〇人とともに紀伊国高野山に追放処分となった。家臣の中には北条氏房・氏規・氏忠・氏光・氏堯らの一門衆も含まれていた。

天正十九年（一五九一）八月十九日に北条氏直は、豊臣秀吉から赦免されて知行一万一〇〇〇石の大名となる。十一月に氏直が大坂で死去すると、北条氏規の嫡男氏盛が養子となり家督を相続して、河内国狭山藩（大阪府大阪狭山市）の藩主となり、江戸幕府の外様大名として幕末にいたった。また、相模国玉縄城（鎌倉市）城主であった北条氏勝は徳川家康に仕えて、下総国岩富城（千葉県佐倉市）で一万石を拝領して外様大名に取立てられた。氏直に同行しなかった一門衆の中の北条氏邦は、加賀国金沢城主の前田利家に仕えて一〇〇〇石を拝領し、ほかの一門衆も諸国の大名家に仕えて、全国に散っていった。北条領国内の国衆は、佐野氏と皆川氏を除いてすべて滅亡し、下野国の佐野・皆川両氏は徳川家康に仕えて大名として存続した。反北条同盟の関東大名の佐竹・宇都宮・結城・里見などの諸氏は、本領を安堵された。

ここで、相模国の武士で、北条氏に仕えていた者の、その後の顛末を述べてみよう。玉縄城の家老の間宮康俊の弟綱信、松田憲秀の家臣の山角定勝、津久井城主の内藤直行の家臣の守屋行重、小田原城の重臣の石巻康敬の四人を紹介しよう。

間宮綱信は、山中城で壮烈な討ち死にを遂げた間宮康俊の弟になる。綱信は武蔵国滝山城（東京都八王子市）の北条氏照に仕え、官途は源十郎、受領は若狭守を称した。氏照の側近家臣として活躍し、古河公方との取次役も務めた。天正八年三月には徳川家康の仲介で織田信長のもとに使者として赴き、安土城（滋賀県安土町）や京都を見学して帰国した。綱信の進言で北条氏の城が土塁で曲輪周囲を固めていたのを、安土城を参考に石垣に仕立てるようになったといわれ、小田原城下の民家は、京都の町屋を参考に、屋根は板葺きで統一したという。天正十八年の小田原合戦の後には、徳川氏家臣の西尾吉次の仲介で家康に仕えて武蔵国氷取沢（横浜市磯子区）で隠居領五〇〇石を拝領し旗本に登用された。慶長十四年（一六〇九）十月に死去し、氷取沢の宝勝寺が墓所。

山角定勝は北条氏康・氏政に仕えた小田原城の重臣である。宿老の松田憲秀の陪臣でもあった。官途は勘解由左衛門尉、受領は紀伊守を称した。江戸城の遠山氏への取次役、ほかに房総方面の国衆への取次役を憲秀が務めていたことから、その補佐役を務め、同方面への北条家朱印状の奉者も務めた。永禄十二年（一五六九）の武田信玄との抗争では、駿河方面に出陣して戦功を立てた。天正十二年には相模国津久井城（相模原市緑区）の内藤綱秀の加勢としても活躍した。同年の徳川家康の娘督姫と北条氏直との婚儀には媒酌人を務めて家康に感謝されている。以後も徳川氏との連絡役をしていた。同十八年の小田原合戦の直後には、家康から書状を受けて、「相模国の何処に住もうが勝手次第」と身の安全を保証された。北条氏直の死去後に井伊直政の仲介で徳川氏に仕え、一二〇〇石を拝領して旗本に登用された。妻は松田康長の娘。

慶長八年五月に死去し七五歳。墓所は相模国酒井村（厚木市）の法雲寺、のちに江戸の三田（東京都港区）の正泉寺に改葬された。子孫は旗本として幕末にいたった。

守屋行重は津久井城の内藤綱秀・直行の家臣で、官途は左京亮、受領は若狭守を称した。津久井料の与瀬村・佐野川村（ともに相模原市緑区）に屋敷があった。この両村ほかには一族が多数おり、各人が知行を持っていた。小田原合戦の後は、一族が徳川家康に仕えて津久井料の代官を務めた。

石巻康敬は、北条氏康・氏政・氏直の重臣であった相模国西郡郡代の石巻家貞の次男。通称は彦六郎、官途は左馬允、受領は下野守を称した。永禄十二年の武田信玄との抗争では、駿河方面に出陣して戦功を立てた。足柄城（南足柄市）の城将を務め、上野国小泉城（群馬県大泉町）の富岡秀高との取次役をも務めた。天正十七年末には京都の豊臣秀吉との交渉役として上洛し、帰国途中に徳川家康の命令で捕えられ、沼津の三枚橋城（静岡県沼津市）に幽閉された。小田原合戦後に釈放され、相模国中田村（横浜市戸塚区）に蟄居した。のち徳川家臣である本多正信に召し出されて徳川氏に仕えた。中田村で一一一石を拝領し、旗本に登用されて慶長十八年十月に死去し八〇歳。墓所は中田の中田寺。相模国西郡池上村（小田原市）の眼蔵寺は康敬の父の菩提寺として建立されたという。

## あとがき

昭和十七年に多摩川河畔の町で生まれた私は、小さい頃から映画好きの子で、休みの日には近くの映画館で時代劇をよく観ていた。その映画鑑賞は昭和三十六年の大学進学まで続いたのである。その間に私はすっかり歴史好きになってしまい、高校の時には歴史散歩の会というクラブに入り、喜多見古墳群（東京都世田谷区）の発掘や登戸の枡形山城址などを訪れて満足していた。

いまだに思い出すのは、東宝映画の「隠し砦の三悪人」の撮影に使われた戦国期の城郭のオープンセットが砧（東京都世田谷区）の野外ステージに残っており、夏休みに訪れた時の、山城のセットに感銘を受けたことである。

幸せにも大学は文学部史学科に進学したので、その時から戦国期の城郭に興味をもって研究を続けている。北条氏を研究テーマにしたのも、関東中に一〇〇か所も北条系の城郭が存在するために、選んだのであった。

大学院では八王子城（東京都八王子市）の城主北条氏照の支城支配を研究して修士論文とした。その頃では北条氏照についての軌跡は全く知られておらず、『八王子市史』担当の佐々木蔵之助氏のご紹介をいただいて、秋川や入間川流域の各地の氏照家臣の子孫宅や寺社を巡って所蔵文書を採訪してまわった。

大学院を出た私は角川文化振興財団に入社して地名辞典の編集者として働いた。その編集室には角川書店社主の角川源義氏が所蔵していた各県自治体史が多くあり、地名辞典に活用され、そこに所収されている北条氏関係文書を休日に採集できたのである。北条氏は豊臣秀吉との決戦に敗れて家臣団は解散し、多くの家臣は他大名に仕えて全国に散っていった。その所蔵文書も全国に散ったので、この地名辞典の作業は、それら家臣を追究するのに役立った。

北条氏の関係文書は大学院修了時では合計二八〇〇通余りであったのが、現在では五三〇〇通と約二倍の文書が確認されるにいたった。この文書のすべては『戦国遺文・後北条氏編』（全七巻、東京堂出版刊）に紹介されている。

これら五〇〇〇通の北条氏文書を詳しく分析した成果として、多くの家臣の役割や軌跡が解明されていったのである。それら研究者の研究成果をいただいて本書の記述は可能になった。

最後になりましたが、本書の刊行にあたっては有隣堂出版部の方々に原稿内容の指摘や整理などでご努力をいただき、心よりの御礼を申し上げる次第です。

平成二十五年十月

横浜の杉田にて　　下山治久

## 主要参考文献（発刊年代順）

芦田伊人編『新編武蔵風土記稿』一〜十二巻　雄山閣　昭和三十三年
横浜市『横浜市史』有隣堂　昭和三十三年
『神奈川県史』通史編原始・古代・中世　神奈川県　昭和四十八年
西ヶ谷恭弘著『神奈川の城』上・下巻　朝日ソノラマ　昭和四十八年
荻野三七彦著『吉良氏の研究』名著出版　昭和五十年
佐脇栄智著『後北条氏の基礎研究』吉川弘文館　昭和五十一年
萩原龍夫編『江戸氏の研究』名著出版　昭和五十二年
角川日本地名大辞典『神奈川県』角川書店　昭和五十九年
鈴木良一著『後北条氏』有隣堂　昭和六十三年
杉山・下山・黒田編『戦国遺文・後北条氏編』一〜七巻　東京堂出版　平成元年〜八年
佐藤博信著『古河公方足利氏の研究』校倉書房　平成二年
『神奈川県姓氏家系大辞典』角川書店　平成五年
下山治久著『八王子城主・北条氏照』たましん地域文化財団　平成六年

黒田基樹著『戦国大名北条氏の領国支配』岩田書院　平成七年
『おだわら―歴史と文化』九号　小田原市　平成七年
下山治久著『小田原合戦』角川書店　平成八年
佐藤博信著『続中世東国の支配構造』思文閣出版　平成八年
黒田基樹著『戦国大名領国の支配構造』岩田書院　平成九年
芦田伊人編『新編相模国風土記稿』一～七巻　雄山閣　平成十年
『小田原市史』通史編・原始・古代・中世　小田原市　平成十年
佐脇栄智校注『小田原衆所領役帳』東京堂出版　平成十年
横浜開港資料館編『一〇〇年前の横浜・神奈川』有隣堂　平成十一年
下山治久著『北条早雲と家臣団』有隣堂　平成十一年
佐藤博信著『江戸湾をめぐる中世』思文閣出版　平成十二年
黒田基樹著『戦国東国の大名と国衆』岩田書院　平成十三年
黒田基樹著『扇谷上杉氏と太田道灌』岩田書院　平成十六年
下山治久編『後北条氏家臣団人名辞典』東京堂出版　平成十八年
『千葉県の歴史』通史編中世　千葉県　平成十九年
池・矢田編『増補改訂版・上杉氏年表』高志書院　平成十九年
市村高男著『東国の戦国合戦』吉川弘文館　平成二十一年
横浜市ふるさと歴史財団編『横浜　歴史と文化』有隣堂　平成二十一年

下山治久編『戦国時代年表・後北条氏編』東京堂出版　平成二十二年
黒田基樹編『武蔵大石氏』岩田書院　平成二十二年
佐藤博信編『玉縄北条氏関係資料集』千葉大学佐藤研究室　平成二十二年
武田氏研究会編『武田氏年表』高志書院　平成二十二年
黒田基樹編『武蔵三田氏』岩田書院　平成二十二年
盛本昌広著『中世南関東の港湾都市と流通』岩田書院　平成二十二年
峰岸・斎藤編『関東の名城を歩く―南関東編』吉川弘文館　平成二十三年
黒田基樹著『戦国関東の覇権戦争』洋泉社　平成二十三年
浅倉直美著『玉縄北条氏』岩田書院　平成二十四年
下山治久著『横浜の戦国武士たち』有隣堂　平成二十四年
黒田基樹著『戦国北条氏五代』戎光祥出版　平成二十四年
黒田基樹著『小田原合戦と北条氏』吉川弘文館　平成二十四年

## 主要人名索引

《か行》



《さ行》



《た行》

《な行》



《は行》

《ま行》



《や・わ行》

戦国大名北条氏――合戦・外交・領国支配の実像
二〇一四年（平成二十六年）三月三十一日　初版第一刷発行
二〇二五年（令和七年）一月十七日　初版第四刷発行

著者　下山治久

発行者――松信　健太郎
発行所――株式会社　有隣堂
本　社　横浜市中区伊勢佐木町一―四―一　郵便番号二三一―八六二三
出版部　横浜市戸塚区品濃町八八一―一六　郵便番号二四四―八五八五
電話〇四五―八二五―五五六三
印刷――大日本印刷株式会社

ISBN978-4-89660-215-9 C0221
定価はカバーに表示してあります。
落丁・乱丁はお取り替えいたします。

デザイン原案＝村上善男

# 有隣新書刊行のことば

国土がせまく人口の多いわが国においては、近来、交通、情報伝達手段がめざましく発達したためもあって、地方の人々の中央志向の傾向がますます強まっている。その結果、特色ある地方文化は、急速に浸蝕され、文化の均質化がいちじるしく進みつつある。その及ぶところ、生活意識、生活様式のみにとどまらず、政治、経済、社会、文化などのすべての分野で中央集権化が進み、生活の基盤であるはずの地域社会における連帯感が日に日に薄れ、孤独感が深まって行く。われわれは、このような状況のもとでこそ、社会の基礎的単位であるコミュニティの果たすべき役割を再認識するとともに、豊かで多様性に富む地方文化の維持発展に努めたいと思う。

古来の相模、武蔵の地を占める神奈川県は、中世にあっては、鎌倉が幕府政治の中心地となり、近代においては、横浜が開港場として西洋文化の窓口となるなど、日本史の流れの中でかずかずのスポットライトを浴びた。

有隣新書は、これらの個々の歴史的事象や、人間と自然とのかかわり合い、ときには、現代の地域社会が直面しつつある諸問題をとりあげながらも、広く全国的視野、普遍的観点から、時流におもねることなく地道に考え直し、人知の新しい地平線を望もうとする読者に日々の糧を贈ることを目的として企画された。

古人も言った、「徳は孤ならず必ず隣有り」と。有隣堂の社名は、この聖賢の言葉に由来する。われわれは、著者と読者の間に新しい知的チャンネルの生まれることを信じて、この辞句を冠した新書を刊行する。

一九七六年七月十日

有隣堂